Escala de Personal de Servicios Generales (PSX) de la Comunidad Autónoma de Galicia

Febrero, 2024

Escala de Personal de Servicios Generales (PSX) de la Comunidad Autónoma de Galicia

Test del temario

Autores

JOSEFA GUILLERMA GANCEDO CONS
Licenciada en Derecho
Jefa de Servicio de Administración Empresarial en la Xunta de Galicia

FRANCISCO JESÚS TORRES FONSECA
Licenciado en Derecho

JUAN MANUEL GIL RAMOS
Licenciado en Medicina. Master en Salud Ambiental.

HERMINIA ANDRADES ROMERO
Diplomada en Fisioterapia. Técnico Superior en Imagen para el Diagnóstico. Técnica Superior en Laboratorio de Análisis Clínico.
Prevencionista de Riesgos laborales (grado intermedio). Auxiliar de Enfermería.

ANA MARÍA SERRANO BÁRCENA
Licenciada en Biología

© 7 Editores Recursos para la Cualificación Profesional y el Empleo, S.L. (7 Editores)
© Los autores
Primera edición, febrero 2024 (258 páginas)
Derechos de edición reservados a favor de 7 Editores
IMPRESO EN ESPAÑA
Diseño Portada: 7 Editores
Edita: 7 Editores
Avda. San Francisco Javier, 9 · Edificio Sevilla 2 · Planta 11 · Módulos 25-27 · 41018 Sevilla
Teléfono: 954 784 411 · WEB: www.mad.es · e-mail: administracion@7editores.com
ISBN: 978-84-142-7940-3
© "Editorial Mad" y "Eduforma" son nombres comerciales registrados de
7 Editores Recursos para la Cualificación Profesional y el Empleo, S.L.

Curso

MAD360

La diferencia entre aprobar
y sacar plaza

Escala de Personal de
Servicios Generales (PSX)

COMUNIDAD AUTÓNOMA DE GALICIA

Accede a tu **Curso MAD360** y disfruta de los siguientes recursos:

- Técnicas de Memoria 360.
- Test *online.*
- Temario en formato digital.
- Planificación de estudio.
- Foro entre opositores hasta la fecha del examen.*
- Recursos y novedades exclusivas.
- Consulta sobre la oposición y el proceso selectivo.
- Actualizaciones legislativas (Boletines Oficiales) hasta 60 días antes de la fecha del examen.*

Para acceder al Curso MAD360** será necesaria la compra de todos los libros para esta especialidad de la edición 2024.

Valida los códigos que encuentras en la última página de tus libros y disfruta de la experiencia MAD360.

Infórmate en: mad.es/registro-campus

NOTA IMPORTANTE:

* Examen de esta categoría profesional correspondiente a la convocatoria publicada en el DOG n.º 20, de 29 de enero de 2024, o hasta el 30 de junio del 2025, lo que se cumpla antes.

** El acceso al CURSO MAD360 estará disponible desde marzo de 2024 (algunos recursos podrían estar disponibles en fecha posterior). Tendrá una duración de 365 días, desde la validación de códigos, o hasta el 31 de diciembre del 2025, lo que se cumpla antes.

MAD se reserva el derecho a ampliar dichas fechas.

Índice

TEST

TEST N.º 1

La Constitución Española de 1978: Título Preliminar, I, II y VIII

1. ¿En qué se fundamenta la Constitución Española?

a) En un Estado social y democrático de Derecho.
b) En la indisoluble unidad de la Nación española.
c) En la independencia de los poderes del Estado.
d) En la organización territorial del Estado.

2. Según el artículo 3 de la CE, el castellano es la lengua oficial del Estado y todos los Españoles:

a) Tienen el deber de usar y el derecho de conocer el castellano.
b) Tienen el derecho y el deber de conocer el castellano.
c) Tienen el deber de conocer y el derecho de usar el castellano.
d) Tienen el derecho de conocer y usar el castellano.

3. La Constitución Española reconoce y garantiza el derecho a la autonomía:

a) De las nacionalidades que la integran.
b) De las regiones que la integran.
c) De las Comunidades Autónomas que la integran.
d) De las nacionalidades y regiones que la integran.

4. El Preámbulo de la Constitución:

a) Tiene en sí carácter de norma jurídica.
b) Es una declaración de intenciones, destinada a interpretar lo que se quiere alcanzar con el contenido normativo de la Constitución.
c) Se trata de un texto sin fuerza jurídica de obligar.
d) Las respuestas b) y c) son correctas.

5. Señala la afirmación correcta, respecto de la aprobación, ratificación y publicación de la Constitución Española:

a) Aprobada por las Cortes el 31 de octubre de 1978, ratificada por el pueblo en referéndum el 6 de diciembre de 1978 y publicada el 29 de diciembre de 1978.
b) Aprobada por las Cortes el 30 de octubre de 1978, ratificada por el pueblo en referéndum el 16 de diciembre de 1978 y publicada el 27 de diciembre de 1978.
c) Aprobada por las Cortes el 31 de octubre de 1978, ratificada por el pueblo en referéndum el 16 de diciembre de 1978 y publicada el 29 de diciembre de 1978.
d) Aprobada por las Cortes el 10 de octubre de 1978, ratificada por el pueblo en referéndum el 26 de diciembre de 1978 y publicada el 30 de diciembre de 1978.

6. ¿En qué parte de la Carta Magna se establece la exposición de motivos que impulsan la norma constitucional y los objetivos que con ella se pretenden alcanzar?

a) En el Título preliminar.
b) En el Preámbulo.
c) En el Título I.
d) En el Título II.

7. La Constitución Española fue sancionada por:

a) El Rey.
b) El Presidente del Congreso.
c) Las Cortes Generales.
d) El Presidente del Gobierno.

8. ¿Cuáles de los siguientes españoles de origen pueden ser privados de su nacionalidad?

a) Exclusivamente los miembros de grupos terroristas.
b) Los miembros de grupos terroristas y los que atenten contra el Rey u otro miembro de la Casa Real.
c) Los que atenten contra un miembro de la Familia Real o del Gobierno de la Nación.
d) Ningún español de origen podrá ser privado de su nacionalidad.

9. Según la CE son fundamentos del orden político y la paz social:

a) La dignidad de la persona, los derechos violables que les son inherentes y el respeto a la ley.
b) La dignidad de la persona, el desarrollo limitado de la personalidad y el respeto a la ley.
c) El respeto a la ley, a los reglamentos administrativos y demás disposiciones legales.
d) La dignidad de la persona, los derechos inviolables que le son inherentes, el libre desarrollo de su personalidad, el respeto a la ley y a los derechos de los demás.

10. ¿Cuál de los siguientes es considerado por la CE como uno de los valores superiores del ordenamiento jurídico?

a) La jerarquía normativa.
b) El pluralismo político.
c) La publicidad normativa.
d) La equidad.

11. La forma política del Estado español es:

a) Democracia parlamentaria.
b) Gobierno parlamentario.
c) Monarquía parlamentaria.
d) República democrática.

12. La parte de la CE que regula la estructura de los principales órganos del Estado recibe el nombre de:

a) Parte dogmática.
b) Parte orgánica.
c) Parte estatal.
d) Parte estructural.

13. Según la CE, la soberanía nacional:

a) Corresponde a las Cortes Generales, al estar compuestas por los representantes del pueblo.
b) Corresponde al Rey.
c) Reside en el pueblo español.
d) Corresponde al Gobierno de la Nación elegido directamente por el pueblo.

14. El derecho a la propiedad en nuestra Constitución es un Derecho:

a) Inherente a la condición humana.
b) Absoluto.
c) Limitado por la función social de la misma.
d) Ninguna de las respuestas anteriores es correcta.

15. ¿En qué parte de la Carta Magna se señalan los valores superiores del ordenamiento jurídico?

a) En el Preámbulo.
b) En el Título Preliminar.
c) En el Título I.
d) Ninguna respuesta es correcta.

16. ¿Cuál de las siguientes es una de las características de nuestra Constitución de 1978?

a) Consensuada.
b) Corta.
c) Conservadora.
d) Originalidad.

17. Son el fundamento del orden político y de la paz social:

a) El libre desarrollo de la personalidad.
b) Los derechos inviolables que les son inherentes.
c) El respeto a la ley y a los derechos de los demás.
d) Todas las respuestas son correctas.

18. Las primeras elecciones democráticas celebradas en España tras la muerte de Franco tuvieron lugar en:

a) 1975.
b) 1976.
c) 1977.
d) 1978.

19. El referéndum en el que se aprobó popularmente la Constitución se llevó a efecto el:

a) 27 de diciembre de 1978.
b) 6 de diciembre de 1978.
c) 31 de octubre de 1978.
d) 29 de diciembre de 1979.

20. La ponencia encargada de redactar el borrador de la Constitución se constituyó en el:

a) Senado.
b) Senado y Congreso de los Diputados.
c) Congreso de los Diputados.
d) Gobierno de la Nación.

21. Si un poder público, en su actuación, infringe lo dispuesto en el Preámbulo de la Constitución:

a) Incurre en nulidad.
b) Incurre en inconstitucionalidad.
c) No pasa nada salvo que, como consecuencia de esa actuación, se infrinja un artículo de la propia Constitución.
d) Nada de lo anterior es cierto.

22. El principio en virtud del cual el ciudadano está amparado por una legislación no sujeta a continuos vaivenes es el de:

a) Legalidad.
b) Publicidad normativa.
c) Seguridad jurídica.
d) Jerarquía normativa.

23. El principio en virtud del cual un Reglamento no puede contradecir una ley es el de:

a) Legalidad.
b) Jerarquía normativa.
c) Las respuestas a) y b) son correctas.
d) Seguridad jurídica.

24. Según la Constitución, una norma que imponga una nueva pena más leve para un delito:

a) No se aplica retroactivamente.
b) Puede aplicarse retroactivamente.
c) Ha de ser reglamentaria.
d) Atenta contra el principio de legalidad penal si se aplica retroactivamente.

25. Todos los españoles, respecto al castellano, tienen el:

a) Derecho-deber de conocerlo.
b) Derecho de usar y deber de conocerlo.
c) Derecho-deber de usarlo.
d) Nada de lo anterior.

26. La capital del Estado en España es:

a) La propia de cada Comunidad Autónoma.
b) La villa de Madrid.
c) Aquella donde se establezca en cada momento el Gobierno de la Nación.
d) Aquella en la que resida generalmente el Rey.

27. El pluralismo político, para nuestra Constitución, es un/una:

a) Principio General del ordenamiento político.
b) Valor superior del ordenamiento jurídico.
c) Principio rector de la política social y económica.
d) Derecho fundamental.

28. La forma política del Estado español es:

a) Unitaria y regionalizada.
b) Federal.
c) La Monarquía Parlamentaria.
d) La propia de un Estado Social y Democrático.

29. La justicia, según nuestra Constitución, es un/una:

a) Principio de nuestro ordenamiento jurídico.
b) Valor superior del anterior.
c) Manifestación del Estado democrático.
d) Todo lo anterior.

30. Un español de origen puede perder esta nacionalidad:

a) Por sanción administrativa.
b) Cuando libremente renuncie a la misma.
c) Por condena penal.
d) En ningún caso.

31. Constituye el fundamento del orden público y de la paz social, según la Constitución, el/la/los:

a) Derechos inviolables inherentes a la persona.
b) Estado social y democrático de Derecho.
c) Seguridad jurídica.
d) Justicia.

32. Las Comunidades Autónomas deben usar o instalar la bandera española:

a) En sus edificios.
b) En los actos oficiales.
c) Cuando lo solicite el Delegado del Gobierno de la Nación en las mismas.
d) Cuando lo estimen oportuno.

33. Deben tener una estructura interna y un funcionamiento democrático los/las:

a) Partidos Políticos.
b) Colegios Profesionales.
c) Organizaciones Profesionales.
d) Todos ellos.

34. La defensa de la integridad territorial de España se atribuye por la Constitución a/al/a las:

a) Fuerzas y Cuerpos de Seguridad.
b) Fuerzas Armadas.

c) Gobierno de la Nación.
d) Todas las anteriores.

35. Según la Constitución, el Estado es:

a) Apolítico.
b) Aconfesional.
c) De bienestar social.
d) Federal.

36. El derecho a la vida se consagra en el siguiente artículo de la Constitución:

a) 10.
b) 16.
c) 15.
d) 24.

37. La pena de muerte en España:

a) Ha quedado abolida.
b) Puede aplicarse en cualquier momento.
c) Solo se aplicará, en tiempo de guerra, a los militares.
d) Rige solo en el ámbito civil.

38. La inmediata puesta a disposición judicial derivada del habeas corpus, se produce por:

a) Detención ilegal.
b) Prisión ilegal.
c) Prisión preventiva.
d) Detención preventiva.

39. El proceso en el que se enjuicie a un presunto delincuente debe:

a) Ser sumario.
b) No dilatarse.
c) Entorpecer los instrumentos probatorios.
d) Nada de lo anterior es cierto.

40. La entrada en un domicilio en caso de flagrante delito, sin autorización de su titular:

a) Puede dar lugar a la aplicación del habeas corpus.
b) Requiere autorización previa de la autoridad judicial.
c) Puede efectuarse en todo momento.
d) No puede realizarse en momento alguno.

41. Cuando, al conocerse la comisión de un delito por una persona, se acude a su domicilio para detenerla:

a) Está obligada a franquear la entrada.
b) Se necesitará autorización judicial para entrar, si no da su consentimiento para ello.
c) Pese a que no dé su consentimiento, se puede entrar.
d) Nada de lo anterior es correcto.

42. La autorización previa para celebrar una manifestación pública:

a) La da el Subdelegado del Gobierno en la Provincia.
b) Es ineludible.
c) Sería inconstitucional.
d) Se da cuando no se prevean alteraciones al orden público, con peligro para personas o bienes.

43. El tipo de sufragio que consagra la Constitución es el:

a) Proporcional.
b) Universal.
c) Censitario.
d) Las respuestas a) y b) son correctas.

44. Además de la no autoinculpación, la Constitución prevé que no se está obligado a declarar sobre un hecho presuntamente delictivo en caso de:

a) Parentesco y afinidad.
b) Cláusula de conciencia.
c) Secreto profesional.
d) Las respuestas a) y b) son correctas.

45. Los Tribunales de Honor están prohibidos respecto de los/la/las:

a) Sindicatos y Organizaciones Profesionales.
b) Administración Civil y Militar.
c) Organizaciones Profesionales y la Administración Civil.
d) Todas las respuestas anteriores son correctas.

46. El secreto profesional, constitucionalmente, sirve para:

a) Ejercer con libertad una profesión titulada.
b) La libertad de creación científica y técnica.
c) No declarar sobre hechos presuntamente delictivos.
d) Todo lo anterior.

47. La fundación de una Internacional Sindical por un sindicato español:

a) Es libre.
b) Está prohibida.
c) Debe plasmarse en un Tratado Internacional.
d) Nada de lo anterior es cierto.

48. El ejercicio del derecho de petición a través de una manifestación ciudadana:

a) No se admite.
b) Se admite en algún caso.
c) Se admite, salvo para los militares.
d) Ni se admite ni se prohíbe.

49. Nuestro sistema tributario ha de ser:

a) Regresivo e igualitario.
b) Progresivo y generalizado.
c) Confiscatorio.
d) Justo y regresivo.

50. La asistencia de todo orden a los hijos habidos extraconyugalmente:

a) No está prevista en la Constitución.
b) Es un deber de los padres.
c) Se dispensará por Instituciones de Beneficencia.
d) Se dispensa solo a los que de ellos tengan discapacidad.

51. La especulación urbanística, según la Constitución:

a) Debe evitarse.
b) Está permitida.
c) Genera plusvalías para la colectividad.
d) Pueden hacerla los poderes públicos.

52. No es susceptible de recurso de amparo el derecho a la/de:

a) Sindicación.
b) Investigación científica.
c) Secreto de las comunicaciones.
d) Lo son todos ellos.

53. Tampoco lo es el derecho de:

a) Libertad de cátedra.
b) Negociación colectiva.

c) Manifestación.
d) Huelga.

54. Y sí lo está el derecho de/a la:

a) Libre sindicación.
b) Petición.
c) Cláusula de conciencia.
d) Lo están todos ellos.

55. Una vez declarado el estado de excepción no se puede suspender el derecho/ libertad de:

a) Huelga.
b) Enseñanza.
c) Adopción de medidas de conflicto colectivo.
d) Libertad de circulación.

56. Durante el estado de excepción, un detenido conserva el derecho de/a:

a) Setenta y dos horas para ser puesto a disposición judicial.
b) Secreto de comunicaciones.
c) Asistencia de Letrado.
d) Ninguno de ellos.

57. Se puede suspender, con motivo de investigaciones relativas a bandas armadas, el derecho de:

a) Huelga.
b) Inviolabilidad del domicilio.
c) Libertad de circulación.
d) Las respuestas b) y c) son correctas.

58. Según la Constitución Española, arbitra y modera el funcionamiento regular de las instituciones:

a) El Presidente del Gobierno.
b) El Rey.
c) El Estado.
d) Los tribunales de Justicia.

59. Las abdicaciones y renuncias se resolverán:

a) Por ley.
b) Por decreto ley.

c) Por decisión de las Cortes Generales.
d) Por ley orgánica.

60. Si no hubiese a quien corresponda la Regencia, esta será nombrada por:

a) Las Cortes Generales.
b) El Congreso de los Diputados.
c) El Senado.
d) El Gobierno.

61. No necesita de refrendo:

a) Declarar la guerra y hacer la paz.
b) Expedir los decretos acordados en Consejo de Ministros.
c) Nombrar y relevar a los miembros civiles y militares de la Casa Real.
d) Todos los actos del Rey necesitan refrendo.

62. ¿A quién corresponde manifestar el consentimiento del Estado para obligarse por medio de tratados?

a) Al Rey.
b) Al Gobierno.
c) Al Estado.
d) Al Presidente del Gobierno.

63. La asunción de funciones constitucionales por la Reina consorte:

a) Está prevista como regla general.
b) Depende de la voluntad del Rey.
c) Está prohibida.
d) Está limitada.

64. La tutoría del Rey puede recaer en:

a) Cualquier persona nombrada por las Cortes Generales, en su caso.
b) Sus hijos.
c) Una, tres o cinco personas.
d) Nada de lo anterior es cierto.

65. Una hija del Príncipe de Asturias ostentará este tratamiento:

a) Cuando su padre acceda a la condición de Rey, si es la primogénita, aunque tenga hermanos varones.
b) Al morir su padre.
c) Al acceder a Rey su padre, si no tiene hermano varón.
d) Cuando delegue en ella el propio Príncipe.

66. La Regencia se ejerce:

a) Por mandato del Rey.
b) En nombre de este.
c) Por mandato constitucional.
d) Las respuestas b) y c) son correctas.

67. La dirección de la defensa del Estado es competencia genuina del/de las:

a) Rey.
b) Fuerzas Armadas.
c) Gobierno de la Nación.
d) Todos ellos.

68. El refrendo de los actos del Rey está íntimamente relacionado con:

a) Su irresponsabilidad política.
b) Su inhabilitación.
c) La Regencia.
d) Sus poderes discrecionales.

69. En caso de que el Rey sea menor de edad:

a) No tomará posesión de su cargo hasta su mayoría de edad.
b) Ejercerá la Regencia el Príncipe heredero.
c) Ejercerá la Regencia su cónyuge.
d) Nada de lo anterior es cierto.

70. Si el Príncipe heredero tuviera descendientes y renunciara a sus derechos al trono:

a) Su cónyuge ejercería la Regencia hasta que su primogénito varón fuere mayor de edad.
b) Su cónyuge ejercería la Regencia hasta que dicho primogénito fuera proclamado Rey.
c) Se nombraría Princesa heredera a su hermana mayor, si la hubiere.
d) Nada de lo anterior es cierto.

71. La presidencia por el Rey de las reuniones del Consejo de Ministros:

a) Se permite solo respecto de las decisorias.
b) Ha de efectuarse a petición del Presidente del Gobierno de la Nación.
c) Está prevista constitucionalmente para dirigir la Administración Civil y Militar.
d) Las respuestas a) y b) son ciertas.

72. El juramento lo prestará el Rey ante el/las:

a) Cortes Generales.
b) Gobierno de la Nación.

c) Miembros de la Familia Real.
d) Pueblo español.

73. Si se agotan todas las líneas llamadas a la sucesión en la Corona de España, se:

a) Nombran Regentes.
b) Proveerá a la sucesión en la Corona por las Cortes Generales.
c) Proclama la República.
d) Establece una Dictadura.

74. La inhabilitación del Rey se reconoce por el/los/las:

a) Gobierno de la Nación.
b) Congreso de los Diputados.
c) Cortes Generales.
d) Tres Poderes constitucionales.

75. El Regente nombrado en defecto de padre, madre, pariente mayor de edad o Príncipe heredero mayor de edad se designa por el/las:

a) Propio Rey.
b) Cortes Generales.
c) Congreso de los Diputados.
d) Consejo de Regencia.

76. ¿Quién proveerá a la sucesión en la Corona en la forma que más convenga a los intereses de España cuando estén extinguidas todas las líneas llamadas en Derecho?

a) El Presidente del Gobierno.
b) El Senado.
c) El Congreso de los Diputados.
d) Las Cortes Generales.

77. Si no hubiere ninguna persona a quien corresponda la Regencia, esta será nombrada por las Cortes Generales, y se compondrá de:

a) Una única persona.
b) Una o dos personas.
c) Una, tres o cinco personas.
d) De tres a seis personas.

78. ¿De qué plazo dispone el Rey para sancionar las leyes aprobadas por las Cortes Generales?

a) Lo más rápido posible, con un máximo de 48 horas.
b) Un semana.

c) Quince días.
d) Un mes.

79. Según la Constitución, las Entidades que forman parte de la organización territorial del Estado tienen la nota común de:

a) Autogobierno.
b) Independencia.
c) Autonomía.
d) Financiación propia.

80. No pueden constituirse en Comunidades Autónomas los territorios:

a) Que no estén integrados en la organización provincial.
b) Que, no siendo superiores a una Provincia, tengan entidad regional histórica.
c) Que, no siendo superiores a una Provincia, no tengan entidad regional histórica.
d) Interinsulares.

81. La vía ordinaria de acceso a la autonomía por el artículo 143 de la Constitución se sigue por los/las:

a) Provincias con entidad regional histórica.
b) Territorios que en el pasado hubieren plebiscitado afirmativamente proyecto de Estatuto de Autonomía.
c) Provincia sin entidad regional histórica directamente.
d) Supuestos especiales de Ceuta, Melilla y Gibraltar.

82. Entre las determinaciones de los Estatutos de Autonomía no es necesario incluir la:

a) Delimitación de su territorio.
b) Denominación de las instituciones autónomas propias.
c) Denominación de la Comunidad.
d) Denominación, organización y sede de sus instituciones administrativas.

83. En las Comunidades Autónomas que siguen la vía común, el Proyecto de Estatuto será elaborado por la/los:

a) Asamblea de Parlamentarios que se constituye al efecto.
b) Comisión Constitucional del Congreso de los Diputados.
c) Diputación Provincial correspondiente.
d) Miembros de la Diputación u órgano interinsular y por los Diputados y Senadores elegidos por ellas.

84. El voto de ratificación por los Plenos del Senado y del Congreso de los Diputados se dará en el/las:

a) Comunidades Autónomas que siguen la vía común.
b) Comunidades Autónomas que siguen la vía especial.

c) Acceso a la autonomía de Ceuta y Melilla.
d) Acceso a la autonomía de Gibraltar.

85. La responsabilidad política del Presidente de una Comunidad Autónoma se exige por el/la:

a) Sala de lo Penal del Tribunal Supremo.
b) Congreso de los Diputados.
c) Tribunal Superior de Justicia de la Comunidad Autónoma.
d) Asamblea Legislativa de la Comunidad Autónoma.

86. La Asamblea Legislativa de las Comunidades Autónomas se elige:

a) Con criterios de representación territorial.
b) Con criterios de representación proporcional.
c) Por sufragio individual.
d) Con criterios de representación provincial.

87. Los Estatutos de Autonomía deberán contener el/la/las:

a) Competencias que se dejan al Estado y las que asume la Comunidad.
b) Competencias que, en función de la Constitución, asume cada Comunidad Autónoma.
c) Desarrollo de la Administración Autonómica.
d) División provincial y órganos de gobierno.

88. En la reforma de los Estatutos intervienen las Cortes Generales:

a) Siempre.
b) Nunca.
c) Solo cuanto se trata de Comunidades Autónomas que accedieron por la vía común.
d) En las Comunidades Autónomas de vía especial exclusivamente.

89. Los miembros de las Diputaciones u órganos interinsulares intervienen en la elaboración de los Estatutos de Autonomía:

a) En todo caso.
b) Nunca.
c) En las Comunidades Autónomas de vía común.
d) En las Comunidades Autónomas de vía especial.

90. Los Estatutos de Autonomía en la vía común se aprueban por el:

a) Congreso de los Diputados mediante Ley Orgánica.
b) Congreso de los Diputados y Senado por Ley Orgánica.
c) Congreso de los Diputados y Senado por Ley ordinaria.
d) Parlamento Autonómico solamente.

Solución al test n.º 1

1. b) En la indisoluble unidad de la Nación española.

2. c) Tienen el deber de conocer y el derecho de usar el castellano.

3. d) De las nacionalidades y regiones que la integran.

4. d) Las respuestas b) y c) son correctas.

5. a) Aprobada por las Cortes el 31 de octubre de 1978, ratificada por el pueblo en referéndum el 6 de diciembre de 1978 y publicada el 29 de diciembre de 1978.

6. b) En el Preámbulo.

7. a) El Rey.

8. d) Ningún español de origen podrá ser privado de su nacionalidad.

9. d) La dignidad de la persona, los derechos inviolables que le son inherentes, el libre desarrollo de su personalidad, el respeto a la ley y a los derechos de los demás.

10. b) El pluralismo político.

11. c) Monarquía parlamentaria.

12. b) Parte orgánica.

13. c) Reside en el pueblo español.

14. c) Limitado por la función social de la misma.

15. b) En el Título Preliminar.

16. a) Consensuada.

17. d) Todas las respuestas son correctas.

18. c) 1977.

19. b) 6 de diciembre de 1978.

20. c) Congreso de los Diputados.

21. c) No pasa nada, salvo que, como consecuencia de esa actuación, se infrinja un artículo de la propia Constitución.

22. c) Seguridad jurídica.

23. c) Las respuestas a) y b) son correctas.

24. b) Puede aplicarse retroactivamente.

25. b) Derecho de usar y deber de conocerlo.

26. b) La villa de Madrid.

27. b) Valor superior del ordenamiento jurídico.

28. c) La Monarquía Parlamentaria.

29. b) Valor superior del anterior.

30. b) Cuando libremente renuncie a la misma.

31. a) Derechos inviolables inherentes a la persona.

32. b) En los actos oficiales.

33. d) Todos ellos.

34. b) Fuerzas Armadas.

35. b) Aconfesional.

36. c) 15.

37. a) Ha quedado abolida.

38. a) Detención ilegal.

39. b) No dilatarse.

40. c) Puede efectuarse en todo momento.

41. b) Se necesitará autorización judicial para entrar, si no da su consentimiento para ello.

42. c) Sería inconstitucional.

43. b) Universal.

44. c) Secreto profesional.

45. c) Organizaciones Profesionales y la Administración Civil.

46. c) No declarar sobre hechos presuntamente delictivos.

47. a) Es libre.

48. a) No se admite.

49. b) Progresivo y generalizado.

50. b) Es un deber de los padres.

51. a) Debe evitarse.

52. b) Investigación científica.

53. b) Negociación colectiva.

54. d) Lo están todos ellos.

55. b) Enseñanza.

56. c) Asistencia de Letrado.

57. b) Inviolabilidad del domicilio.

58. b) El Rey.

59. d) Por ley orgánica.

60. a) Las Cortes Generales.

61. c) Nombrar y relevar a los miembros civiles y militares de la Casa Real.

62. a) Al Rey.

63. d) Está limitada.

64. a) Cualquier persona nombrada por las Cortes, en su caso.

65. c) Al acceder a Rey su padre, si no tiene hermano varón.

66. d) Las respuestas b) y c) son correctas.

67. c) Gobierno de la Nación.

68. a) Su irresponsabilidad política.

69. d) Nada de lo anterior es cierto.

70. c) Se nombraría Princesa heredera a su hermana mayor, si la hubiere.

71. b) Ha de efectuarse a petición del Presidente del Gobierno de la Nación.

72. a) Cortes Generales.

73. b) Proveerá a la sucesión en la Corona por las Cortes Generales.

74. c) Cortes Generales.

75. b) Cortes Generales.

76. d) Las Cortes Generales.

77. c) Una, tres o cinco personas.

78. c) Quince días.

79. c) Autonomía.

80. d) Interinsulares.

81. a) Provincias con entidad regional histórica.

82. d) Denominación, organización y sede de sus instituciones administrativas.

83. d) Miembros de la Diputación u órgano interinsular y por los Diputados y Senadores elegidos por ellas.

84. b) Comunidades Autónomas que siguen la vía especial.

85. d) Asamblea Legislativa de la Comunidad Autónoma.

86. b) Con criterios de representación proporcional.

87. b) Competencias que, en función de la Constitución, asume cada Comunidad Autónoma.

88. a) Siempre.

89. c) En las Comunidades Autónomas de vía común.

90. b) Congreso de los Diputados y Senado por Ley Orgánica.

TEST N.º 2

Ley Orgánica 1/1981, de 6 de abril, del Estatuto de Autonomía de Galicia: Títulos Preliminar, I y II. Competencias: exclusivas, desarrollo legislativo y ejecución

1. La aprobación de los presupuestos de la Comunidad Autónoma de Galicia corresponde:

a) Al Presidente da Xunta de Galicia.
b) A la Xunta de Galicia.
c) Al Congreso de los Diputados.
d) Al Parlamento de Galicia.

2. El Presidente del Tribunal Superior de Justicia de Galicia es nombrado:

a) Por el Presidente de la Junta, previo acuerdo del Parlamento de Galicia.
b) Por el Presidente del Gobierno, la propuesta de las Cortes Generales.
c) Por el Presidente del Gobierno, la propuesta del Consejo General del Poder Judicial.
d) Por el Rey, la propuesta del Consejo General del Poder Judicial.

3. El artículo 12.3 del Estatuto de Autonomía de Galicia dice que el Parlamento funcionará:

a) En Plenos y en Diputación Permanente.
b) En Plenos y en Comisiones, y se reunirá en sesiones ordinarias y extraordinarias.
c) En Plenos y en Mesas, y se reunirá en sesiones ordinarias.
d) En Pleno y en Diputación Permanente, y se reunirá en sesiones ordinarias y extraordinarias.

4. Como dice el artículo 15.3 del Estatuto de Autonomía de Galicia, el que propone al candidato a Presidente de la Xunta de Galicia es:

a) La Diputación Permanente.
b) El Parlamento Gallego en Pleno.

c) El Presidente del Parlamento.
d) El Rey.

5. Según el artículo 7.1 del Estatuto de Autonomía de Galicia, las comunidades gallegas asentadas fuera de Galicia podrán solicitar el reconocimiento de su galleguidad sin que en ningún caso implique la concesión de:

a) Derechos políticos.
b) Derechos culturales.
c) Subvenciones de la Xunta de Galicia.
d) Estatuto de autonomía.

6. En el marco de las normas básicas del Estado, corresponde a la Comunidad Autónoma:

a) El desarrollo legislativo y la ejecución del régimen de Radiodifusión y Televisión en los términos y casos establecidos en la Ley que regule el Estatuto Jurídico de la Radio y la Televisión.
b) El desarrollo legislativo y la ejecución del régimen de prensa y, en general, de todos los medios de comunicación social.
c) Son correctas a) y b).
d) No son correctas ninguna.

7. La Comunidad Autónoma de Galicia goza de autonomía plena. Indica que precepto constitucional fundamenta este proceso:

a) El artículo 143.
b) El artículo 151.
c) El artículo 148.
d) El artículo 150.

8. Indicar que Ley Orgánica aprobó el Estatuto de Autonomía de Galicia para que Galicia se constituyese en comunidad autónoma:

a) Ley Orgánica 1/1981, de 6 de abril.
b) Ley Orgánica 1/1982, de 6 de abril.
c) Ley Orgánica 1/1981, de 7 de abril.
d) Ley Orgánica 2/1981, de 6 de abril.

9. Los poderes de la Comunidad Autónoma de Galicia emanan de la Constitución, de su Estatuto de Autonomía y del:

a) Pueblo.
b) Gobierno.
c) Estado.
d) Municipio.

10. El Parlamento será elegido por un plazo de:

a) 2 años.
b) 4 años.
c) 5 años.
d) 3 años.

11. La bandera de Galicia es:

a) Blanca con una banda diagonal de color azul que la atraviesa desde el ángulo superior izquierdo hasta el inferior derecho.
b) Azul con una banda diagonal de color blanca que la atraviesa desde el ángulo superior izquierdo hasta el inferior derecho.
c) Blanca con una banda diagonal de color roja que la atraviesa desde el ángulo superior izquierdo hasta el inferior derecho.
d) Amarilla con una banda diagonal de color azul que la atraviesa desde el ángulo superior izquierdo hasta el inferior derecho.

12. El Estatuto de Autonomía de Galicia se estructura en:

a) Un Título Preliminar, 5 títulos más.
b) Un Título Preliminar, 4 títulos más.
c) Un Título Preliminar, 6 títulos más.
d) Cinco títulos.

13. El Título II del Estatuto de Autonomía de Galicia se refiere:

a) Al poder gallego.
b) A la Administración pública gallega.
c) A las competencias de Galicia.
d) A la economía y la hacienda.

14. La sede de las instituciones autonómicas se fijará:

a) Por ley del Parlamento de Galicia.
b) Por ley de las Cortes Generales.
c) Por decreto de la Xunta de Galicia.
d) Por acuerdo de la Xunta de Galicia.

15. ¿En qué artículo de la Constitución se consagra el derecho a la autonomía de las nacionalidades y regiones?

a) En el artículo 1.
b) En el artículo 2.
c) En el artículo 9.
d) Todas son falsas.

16. El Título VIII de la Constitución Española regula:

a) El gobierno y la administración.
b) La Corona.
c) La economía y hacienda.
d) La organización territorial del Estado.

17. Podrán acceder a su autogobierno y constituirse en Comunidades Autónomas:

a) Las provincias limítrofes con características históricas, culturales y económicas comunes.
b) Los territorios insulares.
c) Las provincias con entidad regional histórica.
d) Todas son correctas.

18. La doctrina mayoritaria afirma que el Estatuto de Autonomía es:

a) Una norma europea.
b) Una norma estatal.
c) Una norma autonómica.
d) Tanto una norma estatal, como una norma autonómica.

19. El Estatuto de Autonomía de Galicia se compone de:

a) 47 artículos.
b) 67 artículos.
c) 57 artículos.
d) 75 artículos.

20. Analizando las competencias de la Comunidad Autónoma gallega, la organización de las instituciones de autogobierno:

a) Es competencia exclusiva.
b) Es competencia concurrente.
c) Es competencia compartida.
d) Todas son falsas.

21. ¿Y la competencia sobre el régimen Jurídico de la Administración Pública de Galicia y régimen estatutario de sus funcionarios?

a) Es competencia exclusiva.
b) Es competencia concurrente.
c) Es competencia compartida.
d) Todas son falsas.

22 ¿Y la competencia sobre la ordenación del sector pesquero?

a) Es competencia exclusiva.
b) Es competencia concurrente.
c) Es competencia compartida.
d) Todas son falsas.

23. ¿Cuál de las siguientes no es una competencia compartida de la Comunidad Autónoma gallega?

a) Puertos pesqueros.
b) Régimen jurídico de los montes vecinales en mano común.
c) Establecimientos farmacéuticos.
d) Entidades cooperativas.

24. Aquellas competencias que ejerce de un modo exclusivo la Comunidad Autónoma y el Estado sobre una misma materia y que exigen, obviamente, una delimitación de cuál es el ámbito en el que una y otro ejercen con exclusividad sus respectivas competencias, se denominan:

a) Competencias exclusivas.
b) Competencias concurrentes.
c) Competencias compartidas.
d) No existen este tipo de competencias.

25. ¿Cuál de las siguientes afirmaciones no es correcta?

a) La Comunidad Autónoma gallega tiene competencias compartidas en materia de propiedad industrial.
b) La Comunidad Autónoma gallega tiene competencias compartidas en materia de ferias y mercados interiores.
c) La Comunidad Autónoma gallega tiene competencias exclusivas en materia de artesanía.
d) La Comunidad Autónoma gallega tiene competencias exclusivas en materia de promoción y la enseñanza de la lengua gallega.

26. La Ley 7/2011, de 27 de octubre, del turismo de Galicia desarrolla una competencia:

a) Exclusiva.
b) Concurrente.
c) Compartida.
d) Todas son falsas.

27. Sobre los puertos, aeropuertos y helipuertos calificados de interés general por el Estado, la Comunidad Autónoma de Galicia tiene competencia:

a) Exclusiva.
b) Concurrente.

c) Compartida.

d) Todas son falsas.

28. Corresponde a la Junta de Galicia:

a) Aprobar los reglamentos generales de sus propios tributos.

b) Elaborar las normas reglamentarias precisas para gestionar los impuestos estatales cedidos de acuerdo con los términos de dicha cesión.

c) Son correctas a) y b).

d) Ninguna es correcta.

29. Los poderes de la Comunidad Autónoma se ejercen a través de:

a) El Parlamento.

b) La Junta.

c) Su Presidente.

d) Todas son ciertas.

30. Son funciones del Parlamento de Galicia:

a) Ejercer la potestad legislativa de la Comunidad Autónoma.

b) Controlar la acción ejecutiva de la Junta, aprobar los presupuestos y ejercer las otras competencias que le sean atribuidas por la Constitución, por el Estatuto, por las leyes del Estado y las del Parlamento de Galicia.

c) Elegir de entre sus miembros al Presidente de la Junta de Galicia.

d) Todas son ciertas.

Solución al test n.º 2

1. d) Al Parlamento de Galicia.

2. d) Por el Rey, la propuesta del Consejo General del Poder Judicial.

3. b) En Plenos y en Comisiones, y se reunirá en sesiones ordinarias y extraordinarias.

4. c) El Presidente del Parlamento.

5. a) Derechos políticos.

6. c) Son correctas a) y b).

7. b) El artículo 151.

8. a) Ley Orgánica 1/1981, de 6 de abril.

9. a) Pueblo.

10. b) 4 años.

11. a) Blanca con una banda diagonal de color azul que la atraviesa desde el ángulo superior izquierdo hasta el inferior derecho.

12. a) Un título preliminar, 5 títulos más.

13. c) A las competencias de Galicia.

14. a) Por ley del Parlamento de Galicia.

15. b) En el artículo 2.

16. d) La organización territorial del Estado.

17. d) Todas son correctas.

18. d) Tanto una norma estatal, como una norma autonómica.

19. c) 57 artículos.

20. a) Es competencia exclusiva.

21. c) Es competencia compartida.

22. c) Es competencia compartida.

23. b) Régimen jurídico de los montes vecinales en mano común.

24. b) Competencias concurrentes.

25. b) La Comunidad Autónoma gallega tiene competencias compartidas en materia de ferias y mercados interiores.

26. a) Exclusiva.

27. d) Todas son falsas.

28. c) Son correctas a) y b).

29. d) Todas son ciertas.

30. d) Todas son ciertas.

TEST N.º 3

Ley 39/2015, de 1 de octubre, del Procedimiento Administrativo Común de las Administraciones Públicas: Títulos Preliminar, I, II, III, IV y V

1. Uno de los objetos que regula la Ley 39/2015, de 1 de octubre, es el procedimiento administrativo común a todas las Administraciones Públicas. ¿Cuál es la justificación jurídica de esta reserva material?

a) El Preámbulo de la Ley 30/1992, de 26 de noviembre, de Régimen Jurídico de las Administraciones Públicas y del Procedimiento Administrativo Común.
b) La Ley de Régimen Jurídico de la Administración del Estado, de 26 de julio de 1957.
c) El artículo 149.1.18 de la Constitución española de 1978.
d) La Ley de Procedimiento Administrativo de 17 de julio de 1958.

2. La Ley 39/2015, de 1 de octubre, tiene por objeto regular los requisitos de validez y eficacia de los actos administrativos. ¿A qué se refiere el concepto de validez de un acto administrativo?

a) La validez de un acto administrativo se refiere a la capacidad de este para generar efectos ante terceros.
b) La validez de un acto administrativo se refiere a que la notificación del mismo se haya practicado de forma satisfactoria.
c) La validez de un acto administrativo se refiere a que el acto administrativo se haya publicado si forma parte de un procedimiento selectivo o de concurrencia competitiva de cualquier tipo.
d) La validez de un acto administrativo se refiere a la adecuación a derecho de todos sus elementos.

3. El procedimiento administrativo común a todas las Administraciones Públicas, que es objeto de regulación por la Ley 39/2015, de 1 de octubre, ¿incluye el de reclamación de responsabilidad de las Administraciones Públicas?

a) No, el procedimiento de reclamación de responsabilidad de las Administraciones Públicas se regula en el Real decreto 1398/1993, de 4 de agosto, por el que se aprueba el Reglamento de los procedimientos de las Administraciones Públicas en materia de responsabilidad patrimonial.

b) Sí, el procedimiento de reclamación de responsabilidad de las Administraciones Públicas se incluye en el procedimiento administrativo común aunque la Ley 39/2015, de 1 de octubre, deriva su regulación al Real decreto 429/1993, de 26 de marzo, por el que se aprueba el Reglamento de los procedimientos de las Administraciones Públicas en materia de responsabilidad patrimonial.

c) No, solo incluye el procedimiento sancionador.

d) Sí.

4. ¿A qué capacidad se refiere el art. 3 de la Ley 39/2015, de 1 de diciembre, en relación con las personas físicas?

a) A la capacidad jurídica.

b) A la capacidad para ser titular de derechos subjetivos.

c) A la capacidad para ser titular de deberes jurídicos.

d) A la capacidad de obrar.

5. Los menores de edad, ¿tienen capacidad de obrar ante las Administraciones Públicas?

a) Sí, en todo caso, para el ejercicio y defensa de aquellos de sus derechos e intereses cuya actuación esté permitida por el ordenamiento jurídico sin la asistencia de la persona que ejerza la patria potestad, tutela o curatela.

b) No, en ningún caso; únicamente tendrán capacidad de obrar ante las Administraciones Públicas, las personas físicas mayores de edad no incapacitadas.

c) Sí, para el ejercicio y defensa de aquellos de sus derechos e intereses cuya actuación esté permitida por el ordenamiento jurídico sin la asistencia de la persona que ejerza la patria potestad, tutela o curatela, aunque sean menores incapacitados, siempre que la extensión de la incapacitación no afecte al ejercicio y defensa de los derechos o intereses de que se trate.

d) Sí, excepto los menores incapacitados.

6. Excepto el supuesto previsto por el artículo 3.b) de la Ley 39/2015, de 1 de octubre, los menores de edad no tienen capacidad de obrar ante las Administraciones Públicas, y necesitan de la asistencia de la persona que ejerza la patria potestad, tutela o curatela. En relación con la patria potestad, señala cuál de los siguientes enunciados es incorrecto:

a) La patria potestad, como responsabilidad parental, se ejercerá siempre en interés de los hijos, de acuerdo con su personalidad, y con respeto a sus derechos, su integridad física y mental.

b) El ejercicio de la patria potestad comprende representar a sus hijos y administrar sus bienes.

c) Los hijos emancipados están bajo la patria potestad de los progenitores.

d) Si los hijos tuvieren suficiente madurez deberán ser oídos siempre antes de adoptar decisiones que les afecten.

7. ¿Quiénes de los siguientes están sujetos a tutela?

a) Los menores emancipados que estén bajo la patria potestad.

b) Los menores no emancipados que no estén bajo la patria potestad.

c) Los menores emancipados que no estén bajo la patria potestad.

d) Los hijos no emancipados.

8. Tendrán capacidad de obrar ante las Administraciones Públicas las personas jurídicas que ostenten capacidad de obrar con arreglo a las normas civiles. ¿En qué momento adquirirán esta capacidad?

a) Desde el instante mismo en que, con arreglo a derecho, hubiesen quedado válidamente constituidas.

b) Las personas jurídicas adquirirán su capacidad de obrar en los mismos términos que las personas físicas.

c) En el momento en que finalice su personalidad.

d) Las personas jurídicas no tienen capacidad de obrar ante las Administraciones Públicas sino capacidad jurídica.

9. En aplicación del art. 3 de la Ley 39/2015, de 1 de octubre, NO tendrán capacidad de obrar ante las Administraciones Públicas:

a) Las personas físicas incapacitadas.

b) Las personas jurídicas que ostenten capacidad de obrar con arreglo a las normas civiles.

c) Los menores incapacitados, cuando la extensión de la incapacitación afecte al ejercicio y defensa de los derechos e intereses cuya actuación les estuviese permitida por el ordenamiento jurídico, sin la asistencia de la persona que ejerza la patria potestad, tutela o curatela.

d) Las asociaciones de interés público reconocidas por la ley.

10. Señale la respuesta incorrecta. La Administración está obligada a dictar resolución expresa en todos los procedimientos y a notificarla cualquiera que sea su forma de iniciación. En los casos de prescripción, renuncia del derecho, caducidad del procedimiento o desistimiento de la solicitud, así como la desaparición sobrevenida del objeto del procedimiento, la resolución consistirá, conforme al artículo 21.1 de la Ley 39/2015, de 1 de octubre, de Procedimiento Administrativo Común de las Administraciones Públicas:

a) En la declaración de la circunstancia que concurra en cada caso.

b) Con indicación de los hechos producidos.

c) Con indicación de las normas aplicables.
d) Con indicación de las pruebas practicadas.

11. La Administración está obligada a dictar resolución expresa en todos los procedimientos y a notificarla cualquiera que sea su forma de iniciación. Se exceptúan de esta obligación, de acuerdo con el artículo 21.1 de la Ley 39/2015, de 1 de octubre, de Procedimiento Administrativo Común de las Administraciones Públicas:

a) Los supuestos de terminación del procedimiento por pacto o convenio.
b) Los procedimientos relativos al ejercicio de derechos sometidos únicamente al deber de declaración responsable o comunicación a la Administración.
c) Los procedimientos sancionadores.
d) Las respuestas a) y b) son correctas.

12. El plazo máximo en el que debe notificarse la resolución expresa, conforme al artículo 21.1 de la Ley 39/2015, de 1 de octubre, de Procedimiento Administrativo Común de las Administraciones Públicas será:

a) El fijado por la norma reguladora del correspondiente procedimiento.
b) No podrá exceder de seis meses salvo que una norma con rango de ley establezca uno mayor.
c) No podrá exceder de seis meses salvo que venga previsto en la normativa comunitaria europea.
d) Será de tres meses.

13. De acuerdo con el artículo 21.3.a) de la Ley 39/2015, de 1 de octubre, de Procedimiento Administrativo Común de las Administraciones Públicas, el plazo máximo en el que debe notificarse la resolución expresa se contarán en los procedimientos iniciados de oficio:

a) Desde la fecha del acuerdo de iniciación.
b) Desde la fecha en que la solicitud haya tenido entrada en el registro del órgano competente para su tramitación.
c) Desde la fecha en que la solicitud haya tenido entrada en el registro del órgano receptor de la solicitud.
d) Desde la fecha de notificación del acuerdo de iniciación.

14. El plazo máximo en el que debe notificarse la resolución expresa se contarán en los procedimientos a solicitud del interesado:

a) Desde la fecha del acuerdo de iniciación.
b) Desde la fecha en que la solicitud haya tenido entrada en el registro del órgano competente para su tramitación o desde la fecha en que la solicitud haya tenido entrada en el registro electrónico de la Administración u Organismo competente para su tramitación.

c) Desde la fecha en que la solicitud haya tenido entrada en el registro del órgano receptor de la solicitud.

d) Desde la fecha de notificación del acuerdo de iniciación.

15. En todo caso, las Administraciones Públicas informarán a los interesados del plazo máximo normativamente establecido para la resolución y notificación de los procedimientos, así como de los efectos que pueda producir el silencio administrativo, incluyendo dicha mención en la notificación o publicación del acuerdo de iniciación de oficio, o en comunicación que se les dirigirá al efecto dentro de:

a) Los diez días siguientes a la recepción de la solicitud en el registro del órgano competente para su tramitación.

b) Los diez días siguientes a la recepción de la solicitud en el registro del órgano receptor.

c) Los diez días naturales siguientes a la recepción de la solicitud en el registro del órgano competente para su tramitación o en el registro electrónico de la Administración u Organismo competente para su tramitación.

d) Los diez días naturales siguientes a la recepción de la solicitud en el registro del órgano receptor.

16. Conforme al artículo 30.2 de la Ley 39/2015, de 1 de octubre, de Procedimiento Administrativo Común de las Administraciones Públicas, siempre que por ley o en el Derecho de la Unión Europea no se exprese otra cosa, cuando los plazos se señalen por días, se entiende que estos son:

a) Hábiles, excluyéndose del cómputo los sábados, domingos y los declarados festivos.

b) Naturales, y se hará constar esta circunstancia en las correspondientes notificaciones.

c) Hábiles, excluyéndose del cómputo los domingos y los declarados festivos.

d) De fecha a fecha.

17. Señala la respuesta incorrecta. De acuerdo con el artículo 30.2 de la Ley 39/2015, de 1 de octubre, de Procedimiento Administrativo Común de las Administraciones Públicas, si el plazo se fija en meses o años, estos se computarán:

a) A partir del día siguiente a aquel en que tenga lugar la notificación del acto de que se trate.

b) A partir del día siguiente a aquel en que tenga lugar la publicación del acto de que se trate.

c) Desde el día siguiente a aquel en que se produzca la estimación o desestimación por silencio administrativo.

d) Desde el día en que se produzca la estimación o desestimación por silencio administrativo.

18. Los registros telemáticos permitirán la entrada de documentos electrónicos a través de redes abiertas de telecomunicación todos los días del año:

a) Durante las veinticuatro horas del día.

b) Desde las 20 a las 24 horas.

c) Desde las 00 hasta las 8 horas.

d) Desde las 15 hasta las 24 horas.

19. En el procedimiento administrativo, si los plazos se expresan en días, conforme a la Ley 39/2015, de 1 de octubre, del Procedimiento Administrativo Común de las Administraciones Públicas:

a) Se entenderán hábiles excluyéndose los domingos.

b) Se entenderán hábiles excluyéndose los sábados, los domingos y festivos.

c) Se entenderán naturales.

d) Se computarán todos los días del plazo.

20. Si en el mes de vencimiento, no hubiera día equivalente a aquel en que comienza el plazo, este plazo se entenderá que expira:

a) El subsiguiente día hábil.

b) El primer día del mes sucesivo.

c) El día siguiente.

d) El último día del mes.

21. Si el último día del plazo en meses o en años fuere inhábil:

a) Se computa el plazo hasta el último día hábil.

b) Se computará el plazo con un día menos.

c) Se prorrogará al primer día hábil siguiente.

d) Al computarse de fecha a fecha se incluirá en el cómputo.

22. Los plazos expresados en días comenzarán a computarse:

a) A partir del día de la fecha de la notificación.

b) A partir del día siguiente a aquel en que tenga lugar la notificación o publicación del acto de que se trate.

c) A partir de la fecha indicada en la notificación.

d) A partir de la fecha en que se haya dictado.

23. Tal y como establece la Ley 39/2015, de 1 de octubre, cuando los plazos se señalen por horas, se entienden que son hábiles:

a) Todas las horas del día que formen parte de un día hábil.

b) Desde las 9:00 hasta 20:00 horas de cada día hábil.

c) Los plazos se computan por días, no por horas.

d) Todas las horas del día que formen parte un día (excepto domingos y festivos).

24. Señala la respuesta incorrecta. Según el artículo 35 de la Ley 39/2015, de 1 de octubre, de Procedimiento Administrativo Común de las Administraciones Públicas, serán motivados, con sucinta referencia de hechos y fundamentos de Derecho:

a) Los actos que limiten derechos subjetivos o intereses legítimos.

b) Los actos que resuelvan procedimientos de revisión de oficio de disposiciones o actos administrativos, recursos administrativos, reclamaciones previas a la vía judicial y procedimientos de arbitraje.

c) Los actos que se separen del criterio seguido en actuaciones precedentes o del dictamen de órganos consultivos.

d) Los actos declarativos de derechos.

25. De acuerdo con el artículo 39 de la Ley 39/2015, de 1 de octubre, de Procedimiento Administrativo Común de las Administraciones Públicas, con carácter general, los actos de las Administraciones Públicas sujetos al Derecho Administrativo se presumirán válidos y producirán efectos desde:

a) La fecha en que se dicten, salvo que en ellos se disponga otra cosa.

b) Su notificación.

c) Su publicación.

d) La aprobación superior.

26. De acuerdo con el artículo 47 de la Ley 39/2015, de 1 de octubre, de Procedimiento Administrativo Común de las Administraciones Públicas, los actos de las Administraciones Públicas son nulos de pleno derecho en los casos siguientes:

a) Los actos de la Administración que incurran en cualquier infracción del ordenamiento jurídico.

b) Los actos dictados por órgano manifiestamente incompetente por razón de la jerarquía.

c) Los actos que tengan un contenido imposible.

d) Los actos de la Administración que incurran en desviación de poder.

27. Son anulables, de acuerdo con el artículo 48.1 de la Ley 39/2015, de 1 de octubre, de Procedimiento Administrativo Común de las Administraciones Públicas:

a) Los actos de la Administración que incurran en cualquier infracción del ordenamiento jurídico, incluso la desviación de poder.

b) Los actos dictados prescindiendo total y absolutamente del procedimiento legalmente establecido o de las normas que contienen las reglas esenciales para la formación de la voluntad de los órganos colegiados.

c) Los actos expresos o presuntos contrarios al ordenamiento jurídico por los que se adquieren facultades o derechos cuando se carezca de los requisitos esenciales para su adquisición.

d) Los actos dictados por órgano manifiestamente incompetente por razón de la materia.

28. Conforme con el artículo 48.2 de la Ley 39/2015, de 1 de octubre, de Procedimiento Administrativo Común de las Administraciones Públicas, el defecto de forma de los actos de las Administraciones Públicas solo determinará la anulabilidad:

a) Siempre.

b) Nunca.

c) Cuando el acto carezca de los requisitos formales, dando lugar a la indefensión de los interesados.

d) Cuando el acto administrativo se notifique fuera de plazo, no siendo esencial el término o plazo.

29. La Administración podrá convalidar los actos anulables, subsanando los vicios de que adolezcan. Si el vicio consistiera en incompetencia no determinante de nulidad, la convalidación podrá realizarse, de conformidad con el artículo 52.3 de la Ley 39/2015, de 1 de octubre, de Procedimiento Administrativo Común de las Administraciones Públicas, por:

a) El órgano competente cuando sea inferior jerárquico del que dictó el acto viciado.

b) El órgano competente cuando sea superior jerárquico del que dictó el acto viciado.

c) El órgano competente por razón de la materia.

d) El órgano competente por razón del territorio.

30. Son actos anulables de acuerdo con el artículo 48 de la Ley 39/2015, de 1 de octubre, de Procedimiento Administrativo Común de las Administraciones Públicas:

a) Los de contenido imposible.

b) Los que carezcan de los requisitos formales indispensables para alcanzar su fin.

c) Los dictados prescindiendo total y absolutamente de los procedimientos legalmente establecidos para ellos.

d) Los dictados prescindiendo total y absolutamente del procedimiento establecido por las normas que contienen las reglas esenciales para la formación de la voluntad de los órganos colegiados.

31. De todas las resoluciones citadas a continuación, ¿cuáles de ellas no necesitarán ser motivadas?

a) Las que sigan el criterio seguido en actuaciones precedentes.

b) Los acuerdos de suspensión de actos.

c) Las que se dicten en el ejercicio de potestades discrecionales.

d) Las que resuelvan los recursos.

32. ¿En qué casos un defecto de forma determinará la anulabilidad del acto?

a) Cuando carezcan de los requisitos formales indispensables para alcanzar su fin o dé lugar a indefensión.

b) Cuando sean insubsanables.

c) Solo en los casos en los que se dé lugar a indefensión.
d) Solo cuando carezcan de los requisitos formales indispensables.

33. Como norma general, los actos administrativos serán válidos y producirán efectos salvo que, en ellos, se disponga otra cosa:

a) Los 20 días de dictarse el acto.
b) Desde que se aprueben por el superior jerárquico.
c) Desde la publicación en el Boletín correspondiente.
d) Desde que se dicten.

34. La nulidad o anulabilidad en parte del acto administrativo:

a) Implicará la de las partes del mismo independientes de aquella.
b) Implicará la de las partes del mismo independientes de aquella, salvo cuando la administración proceda a la convalidación del acto.
c) No implicará necesariamente la de las partes del mismo independientes de aquella.
d) No implicará la de los sucesivos en el procedimiento que sean independientes del primero.

35. Los actos de las Administraciones Públicas no son nulos de pleno derecho en los casos siguientes:

a) Los que lesionen los derechos y libertades susceptibles de amparo constitucional.
b) Los que tengan un contenido imposible.
c) Los dictados prescindiendo total y absolutamente del procedimiento legalmente establecido o de las normas que contienen las reglas esenciales para la formación de la voluntad de los órganos colegiados.
d) Los que sean constitutivos de infracción administrativa y se dicten como consecuencia de esta.

36. Los que tuvieren la condición de interesados en un procedimiento administrativo, podrán conocer del estado de la tramitación del mismo:

a) En el trámite de audiencia.
b) En el trámite de información pública.
c) En cualquier momento
d) Solo cuando lo permita el instructor del procedimiento.

37. ¿En qué título de la Ley 39/2015, de 1 de octubre, del Procedimiento Administrativo Común de las Administraciones Públicas, se tratan las disposiciones sobre el procedimiento administrativo común?

a) Título I.
b) Título II.
c) Título III.
d) Título IV.

38. En relación a las medidas provisionales, no es cierto que:

a) Solo podrán adoptarse antes de iniciarse el procedimiento administrativo.

b) Las medidas provisionales podrán ser alzadas o modificadas durante la tramitación del procedimiento, de oficio o a instancia de parte, en virtud de circunstancias sobrevenidas o que no pudieron ser tenidas en cuenta en el momento de su adopción.

c) Se extingan cuando surta efectos la resolución administrativa que ponga fin al procedimiento correspondiente.

d) No se podrán adoptar medidas provisionales que puedan causar perjuicio de difícil o imposible reparación a los interesados o que impliquen violación de derechos amparados por las leyes.

39. Una vez adoptadas medidas provisionales antes de la iniciación del procedimiento, deberán ser confirmadas, modificadas o levantadas en el acuerdo de iniciación del procedimiento, que deberá efectuarse a partir de su adopción, dentro de:

a) Los 10 días siguientes.

b) Los 15 días siguientes.

c) Los 20 días siguientes.

d) Los 30 días siguientes.

40. Iniciado el procedimiento, el órgano administrativo competente para resolver, podrá adoptar, de oficio o a instancia de parte y de forma motivada, las medidas provisionales que estime oportunas para asegurar la eficacia de la resolución que pudiera recaer, si existiesen elementos de juicio suficientes para ello, de acuerdo con los principios de (señalar la respuesta incorrecta):

a) Efectividad.

b) Menor onerosidad.

c) Intencionalidad.

d) Proporcionalidad.

41. En relación a la acumulación de procedimientos regulada en el artículo 57 de la LPACAP, no es cierto que:

a) Los procedimientos tengan que guardar identidad sustancial o íntima conexión.

b) Contra el acuerdo de acumulación no proceda recurso alguno.

c) Que deba ser el mismo órgano que dispone la acumulación quien deba tramitar y resolver el procedimiento.

d) La acumulación siempre se deberá disponer de oficio.

42. La propuesta de iniciación del procedimiento formulada por cualquier órgano administrativo que no tiene competencia para iniciar el mismo y que ha tenido conocimiento de las circunstancias, conductas o hechos objeto del procedimiento, bien ocasionalmente o bien por tener atribuidas funciones de inspección, averiguación o investigación:

a) Vincula al órgano competente para iniciar el procedimiento, en todo caso.

b) Faculta al órgano competente a ceder al órgano que la formuló la competencia para iniciar el procedimiento, guardándose él la instrucción y resolución del mismo.

c) No vincula al órgano competente para iniciar el procedimiento, si bien deberá comunicar al órgano que la hubiera formulado los motivos por los que, en su caso, no procede la iniciación.

d) Vincula al órgano competente para iniciar el procedimiento, si el órgano que formuló la propuesta de iniciación pertenece a la misma Administración.

43. En relación al inicio del procedimiento por denuncia, es cierto que:

a) Si los hechos pudieran constituir una infracción administrativa, la denuncia deberá recoger la identificación de los presuntos responsables para que se pueda iniciar el procedimiento.

b) Cuando la denuncia invocara un perjuicio en el patrimonio de las Administraciones Públicas no se podrá dictar la no iniciación del procedimiento.

c) Cuando el denunciante haya participado en la comisión de una infracción de esta naturaleza y existan otros infractores, el órgano competente para resolver el procedimiento no podrá eximir al denunciante del pago de la multa u otro tipo de sanción de carácter no pecuniario que le correspondiera a cambio de aportar elementos de prueba que permitan iniciar el procedimiento o comprobar la infracción.

d) La presentación de una denuncia no confiere, por sí sola, la condición de interesado en el procedimiento.

44. Los procedimientos administrativos se iniciarán:

a) Únicamente de oficio.

b) Únicamente a solicitud de personas interesadas.

c) De oficio o a solicitud de personas interesadas.

d) A solicitud de cualquier persona, aunque no sea interesada.

45. Si la solicitud de iniciación del procedimiento no reúne los requisitos exigidos por la legislación aplicable, se requerirá al interesado para que subsane la falta o acompañe los documentos preceptivos, en un plazo de:

a) 7 días.

b) 10 días.

c) 15 días.

d) 20 días.

46. El documento mediante el que los interesados ponen en conocimiento de la Administración Pública competente sus datos identificativos o cualquier otro dato relevante para el inicio de una actividad o el ejercicio de un derecho, es denominado en la LPACAP:

a) Declaración responsable.
b) Comunicación.
c) Solicitud.
d) Instancia.

47. En relación a la declaración responsable y la comunicación, es cierto que:

a) Ambas deben presentarse antes del inicio de la actividad.
b) La declaración responsable podrá presentarse dentro de un plazo posterior al inicio de la actividad.
c) La comunicación podrá presentarse dentro de un plazo posterior al inicio de la actividad cuando la legislación correspondiente lo prevea expresamente.
d) Ambas podrán presentarse dentro de un plazo posterior al inicio de la actividad.

48. El procedimiento, sometido al principio de celeridad, se impulsará de oficio en todos sus trámites y a través de medios electrónicos, respetando los principios de:

a) Transparencia y publicidad.
b) Coordinación y operatividad.
c) Sigilo y seguridad jurídica.
d) Efectividad y proporcionalidad.

49. Salvo en el caso de que en la norma correspondiente se fije plazo distinto, los trámites que deban ser cumplimentados por los interesados deberán realizarse a partir del siguiente al de la notificación del correspondiente acto, en el plazo de:

a) 5 días.
b) 7 días.
c) 10 días.
d) 15 días.

50. Las cuestiones incidentales que se susciten en el procedimiento:

a) No suspenderán la tramitación del mismo, excepto las que se refieran a la nulidad de actuaciones.
b) Salvo la recusación; no suspenderán la tramitación del procedimiento, incluso las que se refieran a la nulidad de actuaciones.
c) Suspenderán la tramitación del procedimiento, excepto la recusación y las que se refieran a la nulidad de actuaciones.
d) Suspenderán la tramitación del procedimiento, incluso la recusación y las cuestiones incidentales que se refieran a la nulidad de actuaciones.

51. El artículo 77 de la LPACAP prevé un período extraordinario de prueba a petición de los interesados, que podrá acordar el instructor cuando lo considere necesario, por un plazo:

a) No inferior a 10 días.
b) No superior a treinta días ni inferior a diez.
c) No superior a 10 días.
d) De 10 días.

52. Salvo que una disposición o el cumplimiento del resto de los plazos del procedimiento permita o exija otro plazo mayor o menor, los informes deben emitirse a través de medios electrónicos en el plazo de:

a) 10 días.
b) 15 días.
c) 20 días.
d) 30 días.

53. El órgano al que corresponda la resolución del procedimiento, cuando la naturaleza de este lo requiera, podrá acordar un período de información pública que se anunciará en el Diario Oficial correspondiente, determinando el plazo para formular alegaciones, que en ningún caso podrá ser:

a) Superior a 30 días.
b) Inferior a 10 días.
c) Inferior a 20 días.
d) Superior a 20 días.

54. En relación a la resolución del procedimiento, no es cierto que:

a) La resolución que ponga fin al procedimiento deba decidir todas las cuestiones planteadas por los interesados y aquellas otras derivadas del mismo.
b) En los procedimientos tramitados a solicitud del interesado, la resolución será congruente con las peticiones formuladas por este, pudiéndose agravar su situación inicial.
c) La aceptación de informes o dictámenes servirá de motivación a la resolución cuando se incorporen al texto de la misma.
d) Sin perjuicio de la forma y lugar señalados por el interesado para la práctica de las notificaciones, la resolución del procedimiento se dictará electrónicamente.

55. El plazo máximo en el que debe notificarse la resolución expresa será el fijado por la norma reguladora del correspondiente procedimiento. Salvo que una norma con rango de Ley establezca uno mayor o así venga previsto en el Derecho de la Unión Europea este plazo no podrá exceder de:

a) 2 meses.
b) 3 meses.

c) 4 meses.
d) 6 meses.

56. Cuando una Administración Pública requiera a otra para que anule o revise un acto que entienda que es ilegal y que constituya la base para el que la primera haya de dictar en el ámbito de sus competencias:

a) Podrá suspender el transcurso del plazo máximo legal para resolver el procedimiento y notificar la resolución.
b) Suspenderá el transcurso del plazo máximo legal para resolver el procedimiento y notificar la resolución.
c) Podrá anular el procedimiento.
d) Deberá anular el procedimiento.

57. La resolución que ponga fin al procedimiento decidirá todas las cuestiones planteadas por los interesados y aquellas otras derivadas del mismo. Cuando se trate de cuestiones conexas que no hubieran sido planteadas por los interesados, el órgano competente podrá pronunciarse sobre las mismas, poniéndolo antes de manifiesto a aquellos, para que formulen las alegaciones que estimen pertinentes y aporten, en su caso, los medios de prueba, por un plazo:

a) De 10 días.
b) Máximo de 10 días.
c) De 15 días.
d) Máximo de 15 días.

58. En los procedimientos iniciados a solicitud del interesado, el vencimiento del plazo máximo sin haberse notificado resolución expresa, legitima al interesado o interesados para entenderla:

a) Desestimada por silencio administrativo.
b) Desestimada por silencio administrativo, excepto en los supuestos en los que una norma con rango de ley o una norma de Derecho de la Unión Europea o de Derecho internacional aplicable en España establezcan lo contrario.
c) Estimada por silencio administrativo.
d) Estimada por silencio administrativo, excepto en los supuestos en los que una norma con rango de ley o una norma de Derecho de la Unión Europea o de Derecho internacional aplicable en España establezcan lo contrario.

59. De acuerdo con la LPACAP, en los procedimientos iniciados a solicitud de los interesados, estos podrán entender estimadas por silencio administrativo sus solicitudes:

a) En todos los casos, sin excepción alguna.
b) En los procedimientos de ejercicio del derecho de petición a que se refiere el artículo 29 de la Constitución.

c) En todos los casos, salvo que una norma con rango de Ley o norma de Derecho Comunitario Europeo establezca lo contrario.

d) En los procedimientos de impugnación de actos y disposiciones.

60. La LPACAP establece que en los procedimientos iniciados de oficio la falta de resolución expresa:

a) Exime a la Administración del cumplimiento de la obligación legal de resolver.

b) En procedimientos que reconozcan derechos, los interesados que hubieran comparecido podrán entender desestimadas sus pretensiones por silencio administrativo.

c) En procedimientos que reconozcan derechos, los interesados que hubieran comparecido podrán entender estimadas sus pretensiones por silencio administrativo.

d) En procedimientos en que la Administración ejercite potestades sancionadoras susceptibles de producir efectos de gravamen, no se producirá la caducidad.

61. En los Procedimientos iniciados a solicitud del interesado, paralizados por causa imputable al mismo, se producirá la caducidad del procedimiento una vez haya transcurrido desde la advertencia al interesado por parte de la Administración:

a) 1 mes.
b) 2 meses.
c) 3 meses.
d) 15 días.

62. Salvo que reste menos para su tramitación ordinaria, los procedimientos administrativos tramitados de manera simplificada deberán ser resueltos en un plazo, a contar desde el siguiente al que se notifique al interesado el acuerdo de tramitación simplificada del procedimiento, de:

a) 15 días.
b) 20 días.
c) 30 días.
d) 2 meses.

63. Los interesados podrán solicitar la tramitación simplificada del procedimiento. Si el órgano competente para la tramitación aprecia que no concurre alguna de las razones que lo aconsejen, podrá desestimar dicha solicitud en el plazo desde su presentación, de:

a) 5 días.
b) 7 días.
c) 10 días.
d) 15 días.

64. ¿Incluyen el trámite de audiencia los procedimientos administrativos tramitados de manera simplificada?

a) No, si la tramitación simplificada ha sido acordada por solicitud de los interesados.
b) Sí, en todo caso.
c) No, en ningún caso.
d) Únicamente cuando la resolución vaya a ser desfavorable para el interesado.

65. Contra una disposición administrativa de carácter general es posible interponer el siguiente recurso administrativo:

a) Alzada.
b) De revisión.
c) Económico-administrativo.
d) Ninguno.

66. Contra los actos firmes en vía administrativa el único recurso administrativo que se puede interponer es:

a) El de reposición.
b) El extraordinario de revisión.
c) El de alzada.
d) Ninguno.

67. Las resoluciones de los órganos administrativos que carezcan de superior jerárquico:

a) No agotan la vía administrativa.
b) Son firmes.
c) Son susceptibles de recurso de alzada.
d) Ponen fin a la vía administrativa.

68. La indicación del medio a través del cual deben efectuarse las notificaciones, en el escrito de interposición de un recurso administrativo:

a) Es obligatoria para el particular.
b) No es necesaria.
c) Se deja al arbitrio de la Administración Pública.
d) Es facultativa para el interesado.

69. Cuando, habiéndose recurrido un acto por vicio de forma, el órgano competente para resolverlo no estime procedente resolver sobre el fondo:

a) Se ordenará la retroacción del procedimiento al momento en que el vicio se cometió, como regla general.
b) Convalidará dicho vicio.

c) Declarará la inadmisibilidad del recurso.
d) Optará por alguna de las anteriores medidas.

70. Si el órgano que debe resolver un recurso se encuentra con cuestiones nuevas que no han sido alegadas por los interesados:

a) Devolverá el expediente para que se dicte un nuevo acto, teniendo en cuenta dichas cuestiones.
b) Decidirá el recurso, aunque se agrave la situación del recurrente, pero dándole previa audiencia.
c) No las tendrá en cuenta a la hora de resolver.
d) Nada de lo expuesto es correcto.

71. La sustitución del recurso de alzada por un procedimiento de arbitraje:

a) Es la regla general.
b) Puede ser legal.
c) Está prohibido.
d) Es nula de pleno derecho.

72. Si el recurso de alzada se presenta ante el mismo órgano que dictó el acto recurrido:

a) Lo remitirá al órgano decisor.
b) Declarará su inadmisibilidad.
c) Lo desestimará.
d) Resolverá el mismo.

73. Una circunstancia que debe darse en un acto para que proceda contra el mismo el recurso de alzada es que:

a) Agote la vía administrativa.
b) No sea definitivo en vía administrativa.
c) No sea susceptible de otro recurso.
d) Sea de trámite no cualificado.

74. El plazo de interposición del recurso de alzada es de:

a) Quince días.
b) Un mes, si el acto recurrido es expreso.
c) Dos meses.
d) Depende de los casos.

75. Para que se entienda positivo el silencio administrativo en el recurso de alzada:

a) Basta con que no se conteste el recurso en el plazo establecido.
b) Ha de no contestarse el recurso que se plantee contra un acto presunto.

c) El acto ha de ser no declarativo de derechos.

d) Ha de ser un acto contra el que no es posible interponer el recurso de revisión.

76. El plazo para entender desestimado por silencio administrativo el recurso de reposición es de:

a) Un mes.

b) Tres meses.

c) Dos meses.

d) Ninguno, al ser el silencio de carácter positivo.

77. Una característica de los actos contra los que es posible interponer recurso de revisión es que son:

a) Firmes.

b) Susceptibles de recurso ordinario.

c) Erróneos desde el punto de vista jurídico.

d) Todo lo anterior es cierto.

78. Se puede plantear el recurso de revisión en el plazo de cuatro años desde que se notificó el acto recurrido en el caso de que:

a) El acto no sea firme.

b) Al dictar el acto se haya incurrido en error de hecho que resulte de los propios documentos incorporados al expediente.

c) El recurso se base en cualquiera de los restantes supuestos que la Ley recoge.

d) Recaiga sentencia judicial firme declarando la ilegalidad del acto.

79. La terminación presunta del recurso de revisión se dará:

a) A los tres meses de su interposición.

b) Al mes de su interposición.

c) No cabe.

d) Solo en el supuesto de que se base en manifiesto error de derecho.

80. El recurso de revisión por manifiesto error de hecho debe plantearse:

a) A los tres meses desde que se produjo.

b) A los cuatro años desde que se conoció.

c) Dentro de los cuatro años desde la notificación del acto.

d) No puede darse nunca aisladamente.

81. La revisión de los actos por los recursos administrativos:

a) Corresponde a la propia Administración Pública.

b) Supone una actuación excepcional por la Administración Pública sobre sus actos firmes.

c) Compete a los órganos jurisdiccionales de lo contencioso-administrativo.

d) Se da solo en supuestos tasados y límites.

82. El recurso de alzada contra el acto de un órgano administrativo que actúa por delegación lo resuelve:

a) Este mismo órgano.

b) Este mismo órgano en virtud de la delegación que ostenta.

c) Su superior jerárquico.

d) Nada de lo anterior es cierto.

83. Para plantear un recurso administrativo:

a) Hay que tener capacidad jurídica, sin requerirse la capacidad de obrar.

b) Basta con la capacidad de obrar.

c) Se requiere, siempre, ser titular de un derecho subjetivo afectado por el acto que se recurre.

d) Ha de ostentarse la condición de interesado.

84. Cuando existan terceros interesados en un acto recurrido:

a) Deben personarse en el expediente que se siga tras el recurso.

b) Debe enviárseles copia del recurso, conminándoles a personarse.

c) El envío de la copia se efectúa para que realicen, si lo desean, las alegaciones que estimen oportunas.

d) Al no ser los que interponen el recurso, no es necesario darles cuenta de este.

85. La revocación por la Administración Pública de un acto administrativo de gravamen o no declarativo de derechos:

a) Ha de efectuarse a instancia de los particulares.

b) Está prohibida.

c) Se puede efectuar en cualquier momento, siempre que no se infrinja el ordenamiento jurídico.

d) Requiere previo dictamen del Consejo de Estado.

86. En la Administración General del Estado, la revisión de oficio de un acto dictado por un Secretario de Estado compete al:

a) Consejo de Ministros.

b) Ministro respectivo.

c) Presidente del Gobierno de la Nación.

d) Ministro de la Presidencia.

87. Un acto anulable puede ser revisado de oficio por la Administración Pública, una vez transcurridos cuatro años desde que se dictó:

a) Sí, cuando así lo dictamine el Consejo de Estado.
b) No.
c) Sí, cuando incurra en nulidad de pleno derecho y así lo dictamine el Consejo de Estado.
d) Sí, cuando la ilegalidad sea manifiesta y así lo dictamine el Consejo de Estado.

88. Entre los límites de la revisión de los actos administrativos se encuentra:

a) La prescripción de la acción.
b) Su ilegalidad manifiesta.
c) Que atente a derechos subjetivos.
d) Que incurra en nulidad de pleno derecho.

89. El dictamen del Consejo de Estado manifestando que existe una nulidad de pleno derecho en un acto, respecto a su revisión de oficio, es:

a) Facultativo y no vinculante.
b) Preceptivo y vinculante.
c) Preceptivo y no vinculante.
d) Facultativo y vinculante.

Solución al test n.º 3

1. c) El artículo 149.1.18 de la Constitución española de 1978.

2. d) La validez de un acto administrativo se refiere a la adecuación a derecho de todos sus elementos.

3. d) Sí.

4. d) A la capacidad de obrar.

5. c) Sí, para el ejercicio y defensa de aquellos de sus derechos e intereses cuya actuación esté permitida por el ordenamiento jurídico sin la asistencia de la persona que ejerza la patria potestad, tutela o curatela, aunque sean menores incapacitados, siempre que la extensión de la incapacitación no afecte al ejercicio y defensa de los derechos o intereses de que se trate.

6. c) Los hijos emancipados están bajo la patria potestad de los progenitores.

7. b) Los menores no emancipados que no estén bajo la patria potestad.

8. a) Desde el instante mismo en que, con arreglo a derecho, hubiesen quedado válidamente constituidas.

9. a) Las personas físicas incapacitadas.

10. d) Con indicación de las pruebas practicadas.

11. d) Las respuestas a) y b) son correctas.

12. a) El fijado por la norma reguladora del correspondiente procedimiento.

13. a) Desde la fecha del acuerdo de iniciación.

14. b) Desde la fecha en que la solicitud haya tenido entrada en el registro del órgano competente para su tramitación o desde la fecha en que la solicitud haya tenido entrada en el registro electrónico de la Administración u Organismo competente para su tramitación.

15. a) Los diez días siguientes a la recepción de la solicitud en el registro del órgano competente para su tramitación.

16. a) Hábiles, excluyéndose del cómputo los sábados, domingos y los declarados festivos.

17. d) Desde el día en que se produzca la estimación o desestimación por silencio administrativo.

18. a) Durante las veinticuatro horas del día.

19. b) Se entenderán hábiles excluyéndose los sábados, los domingos y festivos.

20. d) El último día del mes.

21. c) Se prorrogará al primer día hábil siguiente.

22. b) A partir del día siguiente a aquel en que tenga lugar la notificación o publicación del acto de que se trate.

23. a) Todas las horas del día que formen parte de un día hábil.

24. d) Los actos declarativos de derechos.

25. a) La fecha en que se dicten, salvo que en ellos se disponga otra cosa.

26. c) Los actos que tengan un contenido imposible.

27. a) Los actos de la Administración que incurran en cualquier infracción del ordenamiento jurídico, incluso la desviación de poder.

28. c) Cuando el acto carezca de los requisitos formales, dando lugar a la indefensión de los interesados.

29. b) El órgano competente cuando sea superior jerárquico del que dictó el acto viciado.

30. b) Los que carezcan de los requisitos formales indispensables para alcanzar su fin.

31. a) Las que sigan el criterio seguido en actuaciones precedentes.

32. a) Cuando carezcan de los requisitos formales indispensables para alcanzar su fin o dé lugar a indefensión.

33. d) Desde que se dicten.

34. d) No implicará la de los sucesivos en el procedimiento que sean independientes del primero.

35. d) Los que sean constitutivos de infracción administrativa y no se dicten como consecuencia de esta.

36. c) En cualquier momento.

37. d) Título IV.

38. a) Solo podrán adoptarse antes de iniciarse el procedimiento administrativo.

39. b) Los 15 días siguientes.

40. c) Intencionalidad.

41. d) La acumulación siempre se deberá disponer de oficio.

42. c) No vincula al órgano competente para iniciar el procedimiento, si bien deberá comunicar al órgano que la hubiera formulado los motivos por los que, en su caso, no procede la iniciación.

43. d) La presentación de una denuncia no confiere, por sí sola, la condición de interesado en el procedimiento.

44. c) De oficio o a solicitud de personas interesadas.

45. b) 10 días.

46. b) Comunicación.

47. c) La comunicación podrá presentarse dentro de un plazo posterior al inicio de la actividad cuando la legislación correspondiente lo prevea expresamente.

48. a) Transparencia y publicidad.

49. c) 10 días.

50. b) Salvo la recusación; no suspenderán la tramitación del procedimiento, incluso las que se refieran a la nulidad de actuaciones.

51. c) No superior a 10 días.

52. a) 10 días.

53. c) Inferior a 20 días.

54. b) En los procedimientos tramitados a solicitud del interesado, la resolución será congruente con las peticiones formuladas por este, pudiéndose agravar su situación inicial.

55. d) 6 meses.

56. b) Suspenderá el transcurso del plazo máximo legal para resolver el procedimiento y notificar la resolución.

57. d) Máximo de 15 días.

58. d) Estimada por silencio administrativo, excepto en los supuestos en los que una norma con rango de ley o una norma de Derecho de la Unión Europea o de Derecho Internacional aplicable en España establezcan lo contrario.

59. c) En todos los casos, salvo que una norma con rango de Ley o norma de Derecho Comunitario Europeo establezca lo contrario.

60. b) En procedimientos que reconozcan derechos, los interesados que hubieran comparecido podrán entender desestimadas sus pretensiones por silencio administrativo.

61. c) 3 meses.

62. c) 30 días.

63. a) 5 días.

64. d) Únicamente cuando la resolución vaya a ser desfavorable para el interesado.

65. d) Ninguno.

66. b) El extraordinario de revisión.

67. d) Ponen fin a la vía administrativa.

68. a) Es obligatoria para el particular.

69. a) Se ordenará la retroacción del procedimiento al momento en que el vicio se cometió, como regla general.

70. d) Nada de lo expuesto es correcto.

71. b) Puede ser legal.

72. a) Lo remitirá al órgano decisor.

73. b) No sea definitivo en vía administrativa.

74. b) Un mes, si el acto recurrido es expreso.

75. b) Ha de no contestarse el recurso que se plantee contra un acto presunto.

76. a) Un mes.

77. a) Firmes.

78. b) Al dictar el acto se haya incurrido en error de hecho que resulte de los propios documentos incorporados al expediente.

79. a) A los tres meses de su interposición.

80. c) Dentro de los cuatro años desde la notificación del acto.

81. a) Corresponde a la propia Administración Pública.

82. d) Nada de lo anterior es cierto.

83. d) Ha de ostentarse la condición de interesado.

84. c) El envío de la copia se efectúa para que realicen, si lo desean, las alegaciones que estimen oportunas.

85. c) Se puede efectuar en cualquier momento, siempre que no se infrinja el ordenamiento jurídico.

86. b) Ministro respectivo.

87. b) No.

88. a) La prescripción de la acción.

89. b) Preceptivo y vinculante.

TEST N.º 4

Ley 1/2016, de 18 de enero, de Transparencia y Buen Gobierno: Título Preliminar, Título I: Capítulos I, II, IV, V y Título II: Secciones 1, 2 y 3 del Capítulo I

1. ¿Qué ley tiene por objeto regular la transparencia y publicidad en la actividad pública?

a) La Ley 9/1996, de 21 de mayo.
b) La Ley 4/2006, de 13 de octubre.
c) La Ley 1/2016, de 18 de enero.
d) La Ley 14/2016, de 2 de marzo.

2. ¿En virtud de qué principio de la Ley de Transparencia y Buen Gobierno, toda la información pública es accesible y relevante, y toda persona tiene acceso libre y gratuito a la misma?

a) El principio de publicidad.
b) El principio de transparencia.
c) El principio de objetividad.
d) El principio de legalidad.

3. La resolución en la que se conceda o deniegue el acceso deberá notificarse, a la persona solicitante y a los terceros afectados que así lo hubiesen solicitado, lo antes posible y, como más tarde:

a) En el plazo máximo de un mes desde la recepción de la solicitud por el órgano competente para resolver.
b) En el plazo máximo de tres meses desde la recepción de la solicitud por el órgano competente para resolver.
c) En el plazo máximo de cinco meses desde la recepción de la solicitud por el órgano competente para resolver.
d) En el plazo máximo de seis meses desde la recepción de la solicitud por el órgano competente para resolver.

4. ¿En virtud de qué principio de la Ley de Transparencia y Buen Gobierno, las entidades sujetas al ámbito de aplicación de dicha ley arbitrarán los medios necesarios para poner a disposición de la ciudadanía la información pública en la lengua y a través del medio de acceso que la ciudadanía elija?

a) El principio de reutilización de la información.
b) El principio de igualdad lingüística.
c) El principio de objetividad lingüística y tecnológica.
d) El principio de no discriminación tecnológica ni lingüística.

5. Los instrumentos de ordenación del territorio y los planes urbanísticos, así como sus correspondientes modificaciones y revisiones, deberán ser objeto de publicidad, difundiendo, como mínimo:

a) La clasificación del suelo.
b) La calificación del suelo.
c) La normativa urbanística.
d) Todas las respuestas son correctas.

6. ¿Cada cuánto tiempo la Xunta de Galicia hará público en el Portal de transparencia y Gobierno un informe en el cual se analizarán y expondrán los datos sobre la información más consultada en el Portal, y sobre la más solicitada a través del ejercicio del derecho de acceso?

a) Mensualmente.
b) Trimestralmente.
c) Al menos una vez por semestre.
d) Anualmente.

7. El procedimiento para el ejercicio del derecho de acceso se iniciará con la presentación de la correspondiente solicitud, que deberá dirigirse:

a) A la persona titular del órgano administrativo o entidad que posea la información.
b) A la persona titular de la Consellería de Hacienda.
c) A la persona titular de la Consellería de Presidencia, Administraciones Públicas y Justicia.
d) A la Secretaría General Técnica de la Consellería de Presidencia, Administraciones Públicas y Justicia.

8. ¿Qué plazo concederá el órgano encargado de resolver para que puedan formular alegaciones cuando las solicitudes se refieran a información que afecte a derechos e intereses de terceros?

a) Una semana.
b) Diez días.
c) Quince días.
d) Un mes.

9. ¿Cuál es el órgano independiente al que corresponde la resolución de las reclamaciones frente a las resoluciones de acceso a la información pública?

a) La Comisión Interdepartamental de Información y Evaluación.
b) La Comisión Interdepartamental de Transparencia y Análisis.
c) La Comisión de la Transparencia.
d) La Comisión de Evaluación y Análisis de la Información.

10. ¿En virtud de qué principio de la Ley de Transparencia y Buen Gobierno, la información pública será cierta y exacta, garantizando que procede de documentos con respecto a los cuales se ha verificado su autenticidad, fiabilidad, integridad, disponibilidad y cadena de custodia?

a) El principio de veracidad.
b) El principio de objetividad.
c) El principio de seguridad jurídica.
d) El principio de identidad real.

11. Las disposiciones del Título I (Transparencia de la actividad pública) de la Ley 1/2016, de 18 de enero serán de aplicación a:

a) A las universidades del Sistema universitario de Galicia.
b) Al Valedor del Pueblo.
c) Al Parlamento de Galicia.
d) Todas las respuestas son correctas.

12. Reglamentariamente se determinará el procedimiento que es necesario seguir para el cumplimiento de la obligación de suministrar información, así como las multas coercitivas aplicables en los supuestos en que el requerimiento de información no sea atendido en plazo. Respecto de la multa podemos afirmar que:

a) La multa de 100 a 6.000 euros será reiterada por periodos mensuales hasta un máximo de doce meses.
b) La multa de 100 a 6.000 euros será reiterada por periodos mensuales hasta el cumplimiento.
c) La multa de 100 a 1.000 euros será reiterada por periodos mensuales hasta un máximo de doce meses.
d) La multa de 100 a 1.000 euros será reiterada por periodos mensuales hasta el cumplimiento.

13. En cuanto al total de la multa aplicable en los supuestos en que el requerimiento de información no sea atendido en plazo, no podrá exceder de:

a) El 2,5 % del importe del contrato, subvención o instrumento administrativo que habilite para el ejercicio de las funciones públicas o la prestación de los servicios.
b) El 5 % del importe del contrato, subvención o instrumento administrativo que habilite para el ejercicio de las funciones públicas o la prestación de los servicios.

c) El 7 % del importe del contrato, subvención o instrumento administrativo que habilite para el ejercicio de las funciones públicas o la prestación de los servicios.

d) El 10 % del importe del contrato, subvención o instrumento administrativo que habilite para el ejercicio de las funciones públicas o la prestación de los servicios.

14. En el supuesto de que en el instrumento que habilite para el ejercicio de las funciones públicas o la prestación de los servicios no figurase una cuantía concreta, la multa aplicable en los supuestos en que el requerimiento de información no sea atendido en plazo no excederá de:

a) 1.000 euros.
b) 1.500 euros.
c) 3.000 euros.
d) 6.000 euros.

15. Para la determinación del importe de la multa aplicable en los supuestos en que el requerimiento de información no sea atendido en plazo se atenderá a la gravedad del incumplimiento y al principio de:

a) Proporcionalidad.
b) Igualdad.
c) Menor lesividad.
d) Solidaridad.

16. ¿Qué principio de la Ley de Transparencia y Buen Gobierno supone que las entidades sujetas a lo dispuesto en la presente ley son responsables del cumplimiento de sus prescripciones?

a) El principio de objetividad.
b) El principio de integridad.
c) El principio de honestidad.
d) El principio de responsabilidad.

17. Los sujetos a los que les es de aplicación la Ley 1/2016, de 18 de enero, de Transparencia y Buen Gobierno, en relación con su actividad económico-financiera publicarán:

a) El techo de gasto no financiero aprobado para cada ejercicio.
b) La situación déficit/superávit público sobre producto interior bruto y por habitante.
c) El periodo medio de pago a proveedores.
d) Todas las respuestas son correctas.

18. La Administración general de la Comunidad Autónoma de Galicia y las entidades instrumentales de su sector público harán público:

a) Únicamente el número de vehículos de los que es titular.
b) La relación de bienes de interés cultural, histórico y artístico.

c) El número de vehículos de los que es arrendatario.
d) Todas las respuestas son correctas.

19. Los altos cargos no podrán firmar, ni por sí mismos ni a través de entidades participadas por ellos directa o indirectamente en más del diez por ciento, contratos de asistencia técnica, de servicios o similares con la Administración pública en la que hubieran prestado servicios, siempre que guarden relación directa con las funciones que el alto cargo ejercía, durante:

a) El año siguiente a la fecha de su cese.
b) Los dos años siguientes a la fecha de su cese.
c) Los cinco años siguientes a la fecha de su cese.
d) Los diez años siguientes a la fecha de su cese.

20. La Xunta de Galicia, a través de la consejería competente en materia de Administraciones Públicas, mantendrá un registro de convenios públicos. Cuando dichos convenios impliquen obligaciones económicas para la Hacienda autonómica o para las entidades públicas instrumentales integrantes del sector público autonómico de Galicia, se habrá de señalar con claridad:

a) La persona o entidad destinataria.
b) El objeto del convenio.
c) El importe de las obligaciones económicas.
d) Todas las respuestas son correctas.

21. ¿Qué principio de la Ley 1/2016, de 18 de enero, de Transparencia y Buen Gobierno promulga que tanto la información como los instrumentos y herramientas empleados en su difusión sean comprensibles, utilizables y localizables por todas las personas en condiciones de seguridad y comodidad, así como de la forma más autónoma y natural posible?

a) El principio de difusión universal de la información pública.
b) El principio de accesibilidad universal de la información pública.
c) El principio de libre disponibilidad de la información pública.
d) El principio de transparencia y seguridad de la información pública.

22. Las disposiciones del Título I (Transparencia de la actividad pública) de la Ley 1/2016, de 18 de enero serán de aplicación a:

a) A las corporaciones de derecho público que desarrollen parte de su actividad en el ámbito territorial de la Comunidad Autónoma de Galicia, en lo relativo a sus actividades sujetas a derecho administrativo.
b) Al Consejo de la Cultura Gallega en relación con sus actividades sujetas a derecho administrativo, con excepción de sus actos en materia de personal.
c) A las entidades vinculadas o dependientes de las universidades del Sistema universitario de Galicia.
d) Todas las respuestas son correctas.

23. ¿Cada cuánto tiempo la Xunta de Galicia hará público en el Portal de transparencia y Gobierno un informe en el cual se analizarán y expondrán las estadísticas relativas al derecho de acceso a la información pública, con la inclusión del número de solicitudes presentadas y de los porcentajes de los distintos tipos de resolución a que dieron lugar?

a) Mensualmente.
b) Trimestralmente.
c) Al menos una vez por semestre.
d) Anualmente.

24. ¿Dónde publicará la Xunta de Galicia la relación de los acuerdos aprobados en el Parlamento Autonómico que afecten a sus competencias, detallando la fecha de aprobación y el organismo competente para su cumplimiento?

a) En el Boletín Oficial del Estado (BOE).
b) En el Diario Oficial de Galicia (DOGA).
c) En el Portal de transparencia y Gobierno abierto.
d) En el Portal de Transparencia y Publicidad Activa.

25. La Xunta de Galicia hará público anualmente en el Portal de transparencia y Gobierno abierto un informe en el cual se analizarán y expondrán, entre otros aspectos, los datos sobre la información más consultada en el Portal y sobre la más solicitada a través del ejercicio del derecho de acceso. Dicho informe deberá ser aprobado previamente a su publicación por:

a) La Comisión de la Transparencia.
b) La Comisión Interdepartamental de Transparencia y Análisis.
c) La Comisión de Evaluación y Análisis de la Información.
d) La Comisión Interdepartamental de Información y Evaluación.

26. ¿Quién preside la Comisión de la Transparencia?

a) La persona titular de la Xunta de Galicia.
b) El Presidente o Presidenta del Consejo Consultivo de Galicia.
c) El valedor o valedora del pueblo.
d) El Presidente o Presidenta de la Federación Gallega de Municipios y Provincias.

27. ¿Quién actúa como vicepresidente o vicepresidenta de la Comisión de la Transparencia?

a) El adjunto o adjunta a la institución del Valedor del Pueblo.
b) Una persona representante del Consejo de Cuentas.
c) Una persona representante del Consejo Consultivo de Galicia.
d) El Presidente o Presidenta de la Federación Gallega de Municipios y Provincias.

28. ¿A quién le corresponde, en el ámbito del sector público autonómico, la competencia para la resolución de las solicitudes de acceso?

a) A la persona titular de la secretaría general técnica.

b) A la persona titular de la dirección general o la delegación territorial en el caso de la Administración general de la Comunidad Autónoma.

c) A la persona titular de la secretaría general.

d) Todas las respuestas son correctas.

29. ¿Quién tendrá voto dirimente en la Comisión de la Transparencia en caso de empate?

a) El Presidente o Presidenta de la Federación Gallega de Municipios y Provincias.

b) El Presidente o Presidenta del Consejo Consultivo de Galicia.

c) El Presidente o Presidenta del Consejo de Cuentas.

d) El valedor o valedora del pueblo.

30. Indica cuál de los siguientes no es vocal de la Comisión de la Transparencia:

a) Una persona representante del Sistema universitario de Galicia.

b) Una persona representante del Consejo de Cuentas.

c) Una persona representante de la Comisión Interdepartamental de Información y Evaluación de la Xunta de Galicia.

d) Una persona representante del Consejo Consultivo de Galicia.

31. Tendrán la consideración de cargos públicos a los efectos de la Ley 1/2016, de 18 de enero, de transparencia y buen gobierno:

a) El presidente o presidenta del Consejo Económico y Social.

b) Las directoras y directores generales de la Administración general de la Comunidad Autónoma de Galicia.

c) El personal eventual que, en virtud de nombramiento legal, ejerza funciones de jefatura de gabinete o jefatura de prensa de los gabinetes de la persona titular de la Presidencia de la Xunta.

d) Todas las respuestas son correctas.

32. ¿Cuál es el tratamiento oficial de los miembros del Gobierno y de los altos cargos?

a) Excelentísimo/Excelentísima, seguido de la denominación del cargo, empleo o rango correspondiente.

b) Ilustrísimo Señor/ Ilustrísima Señora, seguido de la denominación del cargo, empleo o rango correspondiente.

c) Honorable señor/señora, seguido de la denominación del cargo, empleo o rango correspondiente.

d) Señor/señora, seguido de la denominación del cargo, empleo o rango correspondiente.

33. Señala con cuál de las siguientes actividades públicas es compatible el ejercicio de las funciones de alto cargo:

a) El desarrollo de misiones permanentes de representación ante organizaciones o conferencias, nacionales e internacionales.
b) La representación de la Administración autonómica en los órganos colegiados.
c) El cargo de diputado o diputada en el Parlamento de Galicia, en todo caso.
d) Todas las respuestas son correctas.

34. Señala la respuesta incorrecta respecto a la compatibilidad de las funciones de alto cargo con el ejercicio de la docencia:

a) Para el ejercicio de las funciones docentes se requerirá la autorización expresa de la persona titular de la consejería de hacienda.
b) El desarrollo de esta actividad no podrá suponer en ningún caso incremento alguno sobre las cantidades que por cualquier concepto corresponda percibir por el ejercicio del cargo público, con excepción de las indemnizaciones por gastos de viajes, estancias y traslados.
c) Se podrá compatibilizar el ejercicio de funciones docentes, de carácter reglado, siempre que no supongan menoscabo de la dedicación en el ejercicio del cargo público y se realice en régimen de dedicación a tiempo parcial.
d) Los altos cargos podrán participar en las actividades a cargo de los centros oficiales de formación y perfeccionamiento del personal empleado público mediante la impartición de conferencias y cursos, siempre que dicha colaboración se produzca con carácter excepcional, así como en los congresos, seminarios y actividades análogas, teniendo derecho a la percepción de las indemnizaciones previstas reglamentariamente.

35. Los altos cargos que pretendan compatibilizar sus funciones con actividades privadas deberá previamente comunicarlo a:

a) A la Comisión de la Transparencia.
b) A la Comisión Interdepartamental de Información y Evaluación.
c) La Dirección General de la Función Pública.
d) Al Consejo Consultivo de Galicia.

36. Los altos cargos no podrán tener, por sí mismos o por persona interpuesta, participaciones directas o indirectas en empresas en tanto tengan conciertos o contratos de cualquier naturaleza con el sector público estatal, autonómico o local, o reciban subvenciones provenientes de cualquier Administración pública. Estas participaciones directas o indirectas no podrán ser superiores al:

a) 2,5 %.
b) 5 %.
c) 7 %.
d) 10 %.

37. Los altos cargos no podrán realizar actividades ni prestar servicios en entidades privadas relacionadas con expedientes sobre los cuales hubiesen dictado resolución en el ejercicio del cargo, durante:

a) El año siguiente a la fecha de su cese.
b) Los dos años siguientes a la fecha de su cese.
c) Los cinco años siguientes a la fecha de su cese.
d) Los diez años siguientes a la fecha de su cese.

38. La información relativa a todos los contratos menores, con indicación del objeto, duración, importe de licitación y adjudicación, número de licitadores participantes e identidad del adjudicatario se publicarán en el portal web de transparencia:

a) Cada mes.
b) Cada dos meses.
c) Al menos trimestralmente.
d) Al menos semestralmente.

39. Los altos cargos no podrán tener, por sí mismos o por personas o entidades o empresas interpuestas, fondos, activos financieros o valores negociables en países o territorios con calificación de paraíso fiscal según la regulación estatal de aplicación:

a) Únicamente durante el ejercicio de su cargo.
b) Durante el ejercicio de su cargo, así como en los dos años siguientes a su cese.
c) Durante el ejercicio de su cargo, así como en los cinco años siguientes a su cese.
d) Durante el ejercicio de su cargo, así como en los diez años siguientes a su cese.

40. ¿De qué plazo dispone el centro directivo competente en materia de función pública para pronunciarse sobre la compatibilidad de la actividad privada que se va a realizar por parte del alto cargo así como comunicárselo tanto a la persona afectada como a la entidad en la que pretenda prestar sus servicios?

a) Veinte días desde la recepción en el Registro de Actividades de dicha comunicación.
b) Un mes desde la recepción en el Registro de Actividades de dicha comunicación.
c) Dos meses desde la recepción en el Registro de Actividades de dicha comunicación.
d) Tres meses desde la recepción en el Registro de Actividades de dicha comunicación.

Solución al test n.º 4

1. c) La Ley 1/2016, de 18 de enero.

2. b) El principio de transparencia.

3. a) En el plazo máximo de un mes desde la recepción de la solicitud por el órgano competente para resolver.

4. d) El principio de no discriminación tecnológica ni lingüística.

5. d) Todas las respuestas son correctas.

6. d) Anualmente.

7. a) A la persona titular del órgano administrativo o entidad que posea la información.

8. c) Quince días.

9. c) La Comisión de la Transparencia.

10. a) El principio de veracidad.

11. d) Todas las respuestas son correctas.

12. d) La multa de 100 a 1.000 euros será reiterada por periodos mensuales hasta el cumplimiento.

13. b) El 5 % del importe del contrato, subvención o instrumento administrativo que habilite para el ejercicio de las funciones públicas o la prestación de los servicios.

14. c) 3.000 euros.

15. a) Proporcionalidad.

16. d) El principio de responsabilidad.

17. d) Todas las respuestas son correctas.

18. c) El número de vehículos de los que es arrendatario.

19. b) Los dos años siguientes a la fecha de su cese.

20. d) Todas las respuestas son correctas.

21. b) El principio de accesibilidad universal de la información pública.

22. c) A las entidades vinculadas o dependientes de las universidades del Sistema universitario de Galicia.

23. d) Anualmente.

24. c) En el Portal de transparencia y Gobierno abierto.

25. d) La Comisión Interdepartamental de Información y Evaluación.

26. c) El valedor o valedora del pueblo.

27. a) El adjunto o adjunta a la institución del Valedor del Pueblo.

28. d) Todas las respuestas son correctas.

29. d) El valedor o valedora del pueblo.

30. a) Una persona representante del Sistema universitario de Galicia.

31. d) Todas las respuestas son correctas.

32. d) Señor/señora, seguido de la denominación del cargo, empleo o rango correspondiente.

33. b) La representación de la Administración autonómica en los órganos colegiados.

34. a) Para el ejercicio de las funciones docentes se requerirá la autorización expresa de la persona titular de la consejería de hacienda.

35. c) La Dirección General de la Función Pública.

36. d) 10 %.

37. b) Los dos años siguientes a la fecha de su cese.

38. c) Al menos trimestralmente.

39. b) Durante el ejercicio de su cargo, así como en los dos años siguientes a su cese.

40. b) Un mes desde la recepción en el Registro de Actividades de dicha comunicación.

TEST N.º 5

Ley 2/2015, de 29 de abril, del Empleo Público de Galicia: Títulos I, III, IV y V

1. La Ley de Empleo Público de Galicia es:

a) La Ley 2/2015, de 29 de abril.
b) La Ley 5/2009, de 25 de junio.
c) La Ley 9/2015, de 29 de junio.
d) La Ley 1/2009, de 25 de abril.

2. ¿En qué título de la Ley de Empleo Público de Galicia se regulan las clases de personal al servicio de la Xunta de Galicia?

a) Título II.
b) Título III.
c) Título IV.
d) Título V.

3. Señala cuál de las siguientes opciones no es correcta. Según la Ley de Empleo Público de Galicia, existen 4 tipos de empleados públicos:

a) Personal funcionario interino.
b) Personal laboral.
c) Personal fijo discontinuo.
d) Personal eventual.

4. Señalar cuál de los siguientes no es correcto. En función del régimen de duración del contrato, la Ley de Empleo Público de Galicia distingue tres tipos de personal laboral:

a) Fijo.
b) Eventual.
c) Indefinido.
d) Temporal.

5. En relación con el nombramiento de personal interino para la ejecución de programas de carácter temporal y de duración determinada que no respondan a necesidades permanentes de la Administración, el plazo máximo de duración de la interinidad se hará constar expresamente en el nombramiento y no podrá ser superior a:

a) 3 años, ampliables hasta 12 meses más de justificarlo la duración del correspondiente programa.

b) 5 años, no ampliables.

c) 5 años, ampliables hasta 18 meses más si lo justificara la duración del correspondiente programa.

d) 3 años, ampliables hasta 6 meses más si lo justificara la duración del correspondiente programa.

6. En relación con el personal eventual, la Ley de Empleo Público de Galicia señala que:

a) La prestación de servicios como personal eventual constituirá mérito para el acceso al empleo público y para la promoción dentro de este.

b) Cuando el personal funcionario de carrera acceda a puestos de trabajo de carácter eventual, pasará a la situación de servicios específicos.

c) El personal eventual realizará actividades ordinarias de gestión o de carácter técnico o cualquiera de las funciones que pudieran corresponder al personal funcionario de carrera.

d) El nombramiento del personal eventual es libre.

7. En relación con el personal eventual, la Ley de Empleo Público de Galicia señala que:

a) La determinación de las condiciones de empleo del personal eventual tiene la consideración de materia objeto de negociación colectiva.

b) En el ámbito de la Administración general de la Comunidad Autónoma de Galicia el personal eventual solo puede ser nombrado por las personas integrantes del Consello de la Xunta para realizar cometidos de asesoramiento especial o apoyo a las mismas en desarrollo de su labor política, en cumplimiento de sus cometidos de carácter parlamentario y en sus relaciones con las instituciones públicas, los medios de comunicación y las organizaciones administrativas, así como actividades protocolarias

c) El número máximo de puestos del personal eventual, así como sus características y retribuciones, serán establecidos anualmente por el Parlamento de Galicia dentro de los correspondientes créditos presupuestarios consignados al efecto.

d) Las entidades públicas instrumentales del sector público autonómico pueden nombrar personal eventual, cuando así lo autoricen sus respectivas leyes de creación.

8. La adquisición de la condición de personal directivo se llevará a cabo mediante procedimientos que garanticen la publicidad y concurrencia entre el personal funcionario de carrera y el personal laboral fijo al servicio de las administraciones públicas, y se basará en los principios de:

a) Antigüedad y representatividad.

b) Mérito y capacidad.

c) Idoneidad y objetividad.
d) Eficacia y eficiencia.

9. Indica cuál es el objeto de la Ley de Empleo Público de Galicia:

a) La regulación del régimen jurídico de la función pública gallega y la determinación de las normas aplicables a todo el personal al servicio de las administraciones públicas incluidas en su ámbito de aplicación, en ejercicio de las competencias atribuidas a la Comunidad Autónoma de Galicia en su Estatuto de autonomía y en desarrollo del Estatuto Básico del Empleado Público.

b) La regulación del régimen jurídico de la función pública gallega y la determinación de las normas aplicables a todo el personal al servicio de las administraciones públicas incluidas en su ámbito de aplicación, en ejercicio de las competencias atribuidas a la Xunta de Galicia en su Estatuto de autonomía y en desarrollo del Estatuto Básico del Empleado Público.

c) La regulación del régimen jurídico de la función pública gallega y la determinación de las normas aplicables a todo el personal, en ejercicio de las competencias atribuidas a la Comunidad Autónoma de Galicia en su Estatuto de autonomía y en desarrollo del Estatuto Básico del Empleado Público.

d) La regulación del régimen jurídico de los empleados públicos y la determinación de las normas aplicables a todo el personal al servicio de las administraciones públicas incluidas en su ámbito de aplicación, en ejercicio de las competencias atribuidas a la Comunidad Autónoma de Galicia en su Estatuto de autonomía y en desarrollo del Estatuto Básico del Empleado Público.

10. El nombramiento de un interino por exceso o acumulación de tareas, de carácter excepcional y circunstancial, tendrá un plazo máximo de:

a) 5 meses dentro de un período de 12 meses.
b) 6 meses dentro de un período de 10 meses.
c) 9 meses dentro de un período de 18 meses.
d) 3 meses dentro de un período de 12 meses.

11. Indica qué potestad tiene atribuida la Comunidad Autónoma de Galicia, con la finalidad de satisfacer los intereses generales:

a) La Xunta de Galicia tiene atribuida la potestad de autoorganización, que la faculta, de acuerdo con el ordenamiento jurídico, para estructurar, establecer el régimen jurídico y dirigir y fijar los objetivos de la función pública gallega.

b) La Comunidad Autónoma de Galicia tiene atribuida la potestad de organización, que la faculta, de acuerdo con el ordenamiento jurídico, para estructurar, establecer el régimen jurídico y dirigir y fijar los objetivos de la función pública gallega.

c) La Comunidad Autónoma de Galicia tiene atribuida la potestad de autoorganización, que la faculta, de acuerdo con el ordenamiento jurídico, para estructurar, establecer el régimen jurídico de la función pública gallega.

d) La Comunidad Autónoma de Galicia tiene atribuida la potestad de autoorganización, que la faculta, de acuerdo con el ordenamiento jurídico, para estructurar, establecer el régimen jurídico y dirigir y fijar los objetivos de la función pública gallega.

12. Indica qué es una relación de puestos de trabajo:

a) Es un instrumento jurídico de carácter público que incluye todos los puestos de trabajo de naturaleza funcionarial y laboral existentes en cada una de las administraciones públicas incluidas en el ámbito de aplicación de la Ley 2/2015.

b) Es un instrumento técnico de carácter público que incluye todos los puestos de trabajo de naturaleza funcionarial y laboral existentes en cada una de las administraciones públicas incluidas en el ámbito de aplicación de la Ley 2/2015.

c) Es un instrumento técnico de carácter público que incluye todos los puestos de trabajo de naturaleza funcionarial y laboral existentes en cada una de las administraciones públicas incluidas en el ámbito de aplicación de la Ley 3/2015.

d) Es un instrumento técnico de carácter público que incluye todos los puestos de trabajo de naturaleza laboral existentes en cada una de las administraciones públicas incluidas en el ámbito de aplicación de la Ley 2/2015.

13. Indica el contenido mínimo, por cada puesto, de las relaciones de puestos de trabajo:

a) El código alfanumérico, denominación y naturaleza jurídica. La clasificación profesional. El sistema de provisión.

b) La adscripción orgánica. El complemento retributivo del puesto.

c) Los requisitos y, en los casos en que proceda, las áreas funcionales, méritos, capacidades, experiencia o categoría profesional para su provisión.

d) Todas son correctas.

14. Indica qué principios presiden la selección de los empleados públicos:

a) Igualdad, con especial atención a la igualdad de oportunidades entre mujeres y hombres y de las personas con discapacidad.

b) Transparencia y objetividad en el desarrollo de los procesos selectivos y en el funcionamiento de los órganos de selección.

c) Imparcialidad y profesionalidad de los miembros de los órganos de selección.

d) Todas son correctas.

15. Indica si la renuncia es una causa de pérdida de la condición de personal funcionario:

a) No.

b) Sí.

c) Si es social, sí.

d) Ninguna es correcta.

16. Indica quién puede acceder al empleo público como personal funcionario en igualdad de condiciones con las personas de nacionalidad española:

a) Las personas que posean la nacionalidad de otros estados miembros de la Unión Europea.

b) Las personas, cualquiera que sea su nacionalidad, que sean cónyuges de personas que posean la nacionalidad española o de otros estados miembros de la Unión Europea, siempre que no estén separadas de derecho.

c) Las personas, cualquiera que sea su nacionalidad, descendientes de personas que posean la nacionalidad española o de otros estados miembros de la Unión Europea, siempre que sean menores de 21 años o mayores de dicha edad dependientes.

d) Todas son correctas.

17. Indica si el personal de elección o de designación política puede formar parte de un órgano de selección:

a) Sí.

b) No.

c) Depende del proceso.

d) Ninguna es correcta.

18. Indica cómo es el procedimiento de oposición:

a) La oposición consiste en la superación de las pruebas teóricas que se establezcan en la convocatoria, las cuales deberán permitir determinar la capacidad de las personas aspirantes y establecer el orden de prelación entre ellas.

b) La oposición consiste en la superación de las pruebas prácticas que se establezcan en la convocatoria, las cuales deberán permitir determinar la capacidad de las personas aspirantes y establecer el orden de prelación entre ellas.

c) La oposición consiste en la superación de las pruebas teóricas y/o prácticas que se establezcan en la convocatoria, las cuales deberán permitir determinar la capacidad de las personas aspirantes y establecer el orden de prelación entre ellas.

d) Ninguna es correcta.

19. Indica qué es el concurso:

a) Es el procedimiento extraordinario de provisión de puestos de trabajo por el personal funcionario y consiste en la valoración de los méritos y capacidades y, en su caso, aptitudes de los candidatos conforme a las bases establecidas en la correspondiente convocatoria.

b) El concurso consiste en la valoración exclusiva de los méritos que se señalen en la convocatoria.

c) Es el procedimiento normal de provisión de puestos de trabajo por el personal interino y consiste en la valoración de capacidades y, en su caso, aptitudes de los candidatos conforme a las bases establecidas en la correspondiente convocatoria.

d) Es el procedimiento normal de provisión de puestos de trabajo por el personal eventual y consiste en la valoración de los méritos y, en su caso, aptitudes de los candidatos conforme a las bases establecidas en la correspondiente convocatoria.

20. ¿Qué es el concurso - oposición?

a) El concurso-oposición consiste en la superación de las pruebas correspondientes, a las que será de aplicación lo para el concurso tecnico, así como en la posesión previa, debidamente valorada, de determinadas condiciones de formación, méritos o niveles de experiencia.

b) El concurso-oposición consiste en la superación de las pruebas correspondientes, a las que será de aplicación lo para la oposición, así como en la posesión previa, debidamente valorada, de determinadas condiciones de formación o niveles de experiencia.

c) El concurso-oposición consiste en la superación de las pruebas correspondientes, a las que será de aplicación lo para la oposición, así como en la posesión previa, debidamente valorada, de determinadas condiciones de formación, méritos o niveles de experiencia.

d) El concurso-oposición consiste en la superación de las pruebas correspondientes, a las que será de aplicación lo para la oposición, así como en la posesión previa, debidamente valorada, de determinadas condiciones de méritos o niveles de experiencia.

21. Queda excluido del ámbito de aplicación de la Ley 2/2015:

a) El personal funcionario.
b) El personal funcionario de las universidades públicas gallegas.
c) El personal laboral de la Xunta de Galicia.
d) El personal funcionario al servicio de la Administración de justicia en Galicia.

22. Indica qué tipos de concursos existen:

a) Ordinario.
b) Específico.
c) Son correctas a) y b).
d) Ninguna es correcta.

23. Es personal de confianza o de asesoramiento especial conforme a la Ley 2/2015:

a) El personal sanitario.
b) El personal estatutario.
c) El personal eventual.
d) Todas son correctas.

24. El personal funcionario de carrera se seleccionará ordinariamente por:

a) El sistema de oposición o por el sistema de concurso-oposición.
b) Solo en virtud de norma con rango de ley puede aplicarse, con carácter excepcional, el sistema de concurso.
c) Son correctas a) y b).
d) Ninguna es correcta.

25. Indica qué requisitos se deben cumplir, entre otros, para adquirir la condición de funcionario de carrera:

a) Superación del proceso selectivo.
b) Acreditación, en su caso, de que se reúnen los requisitos y condiciones exigidos en la convocatoria del proceso selectivo.
c) Nombramiento por el órgano o autoridad competente, que será publicado en el diario oficial correspondiente.
d) Todas son correctas.

26. La ejecución de la oferta de empleo público ¿en qué plazo improrrogable debe desarrollarse, a contar a partir del día siguiente al de la publicación de aquella en el correspondiente diario oficial?

a) 3 años.
b) 1 año.
c) En el primer trimestre de cada año tras la aprobación.
d) Todas son falsas.

27. ¿Qué edad se requiere para participar en un proceso selectivo?

a) Tener cumplidos los 18 años y no exceder, en su caso, de la edad máxima de jubilación forzosa.
b) Tener cumplidos los 17 años y no exceder, en su caso, de la edad máxima de jubilación forzosa.
c) Tener cumplidos los 19 años y no exceder, en su caso, de la edad máxima de jubilación forzosa.
d) Tener cumplidos los 16 años y no exceder, en su caso, de la edad máxima de jubilación forzosa.

28. Los procesos selectivos de los empleados públicos tendrán:

a) Carácter cerrado y garantizarán la libre concurrencia, sin perjuicio de lo establecido para la promoción interna y de las medidas de discriminación positiva previstas en la Ley 2/2015.
b) Carácter abierto y garantizarán la libre competencia, sin perjuicio de lo establecido para la promoción interna y de las medidas de discriminación positiva previstas en la Ley 2/2015.
c) Carácter abierto y garantizarán la libre concurrencia, sin perjuicio de lo establecido para la promoción externa y de las medidas de discriminación positiva previstas en la Ley 2/2015.
d) Carácter abierto y garantizarán la libre concurrencia, sin perjuicio de lo establecido para la promoción interna y de las medidas de discriminación positiva previstas en la Ley 2/2015.

29. Los procesos selectivos de los empleados públicos se iniciarán mediante convocatoria pública. Indica qué contiene una convocatoria pública:

a) El número de plazas, subgrupo o grupo de clasificación profesional, en el supuesto de que este no tenga subgrupo, cuerpo y, en su caso, escala, o categoría laboral.
b) Las condiciones y requisitos que deben reunir las personas aspirantes.
c) El sistema selectivo aplicable, el cual indicará el tipo de pruebas concretas y los sistemas de calificación de los ejercicios o, en su caso, los baremos de puntuación de los méritos.
d) Todas son correctas.

30. Indica en qué plazo puede el personal funcionario solicitar la prolongación de la permanencia en la situación de servicio activo:

a) Antelación mínima de 2 meses y máxima de 4 meses a la fecha en la que cumpla la edad de jubilación forzosa.

b) Antelación mínima de 3 meses y máxima de 5 meses a la fecha en la que cumpla la edad de jubilación forzosa.

c) Antelación mínima de 3 meses y máxima de 4 meses a la fecha en la que cumpla la edad de jubilación forzosa.

d) Antelación mínima de un mes y máxima de 3 meses a la fecha en la que cumpla la edad de jubilación forzosa.

Solución al test n.º 5

1. a) La Ley 2/2015, de 29 de abril.

2. b) Título III.

3. c) Personal fijo discontinuo.

4. b) Eventual.

5. a) 3 años, ampliables hasta 12 meses más de justificarlo la duración del correspondiente programa.

6. d) El nombramiento del personal eventual es libre.

7. b) En el ámbito de la Administración general de la Comunidad Autónoma de Galicia el personal eventual solo puede ser nombrado por las personas integrantes del Consello de la Xunta para realizar cometidos de asesoramiento especial o apoyo a las mismas en desarrollo de su labor política, en cumplimiento de sus cometidos de carácter parlamentario y en sus relaciones con las instituciones públicas, los medios de comunicación y las organizaciones administrativas, así como actividades protocolarias

8. b) Mérito y capacidad.

9. a) La regulación del régimen jurídico de la función pública gallega y la determinación de las normas aplicables a todo el personal al servicio de las administraciones públicas incluidas en su ámbito de aplicación, en ejercicio de las competencias atribuidas a la Comunidad Autónoma de Galicia en su Estatuto de autonomía y en desarrollo del Estatuto Básico del Empleado Público.

10. c) 9 meses dentro de un período de 18 meses.

11. d) La Comunidad Autónoma de Galicia tiene atribuida la potestad de autoorganización, que la faculta, de acuerdo con el ordenamiento jurídico, para estructurar, establecer el régimen jurídico y dirigir y fijar los objetivos de la función pública gallega.

12. b) Es un instrumento técnico de carácter público que incluye todos los puestos de trabajo de naturaleza funcionarial y laboral existentes en cada una de las administraciones públicas incluidas en el ámbito de aplicación de la Ley 2/2015.

13. d) Todas son correctas.

14. d) Todas son correctas.

15. b) Sí.

16. d) Todas son correctas.

17. b) No.

18. c) La oposición consiste en la superación de las pruebas teóricas y/o prácticas que se establezcan en la convocatoria, las cuales deberán permitir determinar la capacidad de las personas aspirantes y establecer el orden de prelación entre ellas.

19. b) El concurso consiste en la valoración exclusiva de los méritos que se señalen en la convocatoria.

20. c) El concurso-oposición consiste en la superación de las pruebas correspondientes, a las que será de aplicación lo para la oposición, así como en la posesión previa, debidamente valorada, de determinadas condiciones de formación, méritos o niveles de experiencia.

21. d) El personal funcionario al servicio de la Administración de justicia en Galicia.

22. c) Son correctas a) y b).

23. c) El personal eventual.

24. c) Son correctas a) y b).

25. d) Todas son correctas.

26. a) 3 años.

27. d) Tener cumplidos los 16 años y no exceder, en su caso, de la edad máxima de jubilación forzosa.

28. d) Carácter abierto y garantizarán la libre concurrencia, sin perjuicio de lo establecido para la promoción interna y de las medidas de discriminación positiva previstas en la Ley 2/2015.

29. d) Todas son correctas.

30. c) Antelación mínima de 3 meses y máxima de 4 meses a la fecha en la que cumpla la edad de jubilación forzosa.

TEST N.º 6

Ley 7/2023, de 30 de noviembre, para la igualdad efectiva de mujeres y hombres de Galicia: Título Preliminar, Título I, Título II: Capítulos I y II

1. Según su artículo 1.1, el objeto de la *Ley 7/2023, de 30 de noviembre, para la igualdad efectiva de mujeres y hombres de Galicia*, es:

a) Actuar contra la violencia que, como manifestación de la discriminación, la situación de desigualdad y las relaciones de poder de los hombres sobre las mujeres, se ejerce sobre éstas por parte de quienes sean o hayan sido sus cónyuges o de quienes estén o hayan estado ligados a ellas por relaciones similares de afectividad, aun sin convivencia.

b) Hacer efectivo el derecho de igualdad de trato y oportunidades entre mujeres y hombres para, en el desarrollo de los artículos 9.2 y 14 de la Constitución y 4 del Estatuto de Autonomía para Galicia, seguir avanzando hacia una sociedad más democrática, más justa y más solidaria.

c) Regular los derechos y deberes de las personas físicas y jurídicas, tanto públicas como privadas, previendo medidas destinadas a eliminar y corregir en los sectores público y privado de la Comunidad Autónoma de Galicia, toda forma de discriminación por razón de sexo.

d) Reforzar el compromiso de la Comunidad Autónoma de Galicia con la eliminación de la discriminación de las mujeres y con la promoción de la igualdad entre mujeres y hombres.

2. Según el artículo 1.2.b) de la Ley 7/2023, es objeto en particular de esta ley, integrar la perspectiva de género en el diseño y desarrollo de las políticas públicas de la competencia de la Administración general de la Comunidad Autónoma de Galicia y de su sector público, de forma:

a) Sostenible.
b) Transversal.
c) Colaborativa.
d) Efectiva.

3. Según el artículo 2 de la Ley 7/2023, la igualdad de trato y de oportunidades entre mujeres y hombres:

a) Es un deber de las Administraciones Públicas gallegas.
b) Es una fuente formal del Derecho autonómico.

c) Es un principio informador del ordenamiento jurídico autonómico.
d) Es un objetivo fundamental del procedimiento administrativo en Galicia.

4. Señala la opción incorrecta. Según el artículo 4.1 de la Ley 7/2023, el principio de igualdad de trato entre mujeres y hombres implica la prohibición de toda discriminación, directa o indirecta, por razón de sexo, y especialmente, las derivadas de:

a) La maternidad.
b) La tendencia sexual.
c) La asunción de obligaciones familiares.
d) El estado civil.

5. Según el artículo 4.2 de la Ley 7/2023, la situación en que se encuentra una persona que sea, haya sido o pudiera ser tratada, en atención a su sexo, de manera menos favorable que otra en situación comparable, se considera:

a) Discriminación directa.
b) Acoso sexual.
c) Discriminación indirecta.
d) Violencia de género.

6. En virtud del artículo 4.3 de la Ley 7/2023, la situación en que una disposición, criterio o práctica aparentemente neutros pone a personas de un sexo en desventaja particular con respecto a personas del otro:

a) En cualquier caso constituirá discriminación directa.
b) En cualquier caso constituirá discriminación indirecta.
c) No se considera discriminación indirecta si dicha disposición, criterio o práctica pueden justificarse objetivamente en atención a una finalidad legítima y los medios para alcanzar dicha finalidad son necesarios y adecuados.
d) En ningún caso podrá considerarse discriminación.

7. Según el artículo 5.1 de la Ley 7/2023, en el ámbito de acceso al empleo, incluida la formación correspondiente, no constituye discriminación por razón de sexo la diferencia de trato en base a una característica relacionada con el sexo de una persona cuando, debido a la naturaleza de las actividades profesionales concretas o al contexto en que se lleven a cabo, dicha característica constituya un requisito profesional esencial y determinante, siempre y cuando su objetivo sea legítimo y el requisito sea:

a) Proporcionado.
b) Inequívoco.
c) Justo.
d) Mesurable.

8. Según el artículo 7 de la Ley 7/2023, todo trato desfavorable a las mujeres relacionado con el embarazo o la maternidad constituye:

a) Acoso sexual.
b) Acoso por razón de sexo.
c) Discriminación directa por razón de sexo.
d) Discriminación indirecta por razón de sexo.

9. ¿Cómo denomina el artículo 10 de la Ley 7/2023 a la discriminación por razón de sexo que se funda, por parte del sujeto discriminador, en una apreciación incorrecta del embarazo, la maternidad, las obligaciones familiares o el estado civil de la persona víctima?

a) Discriminación sexista prejuiciosa.
b) Discriminación sexista machista.
c) Discriminación sexista por error.
d) Discriminación sexista por asociación.

10. Siguiendo el artículo 11 de la Ley 7/2023, ¿cuándo se produce discriminación sexista interseccional?

a) Cuando, junto al sexo, concurren o interactúan otra u otras causas de discriminación, generando una forma específica de discriminación.
b) Cuando se sufre por razón del sexo, el embarazo, el parto o la maternidad, de la asunción de obligaciones familiares o del estado civil de otra persona con la que se estuviera relacionado.
c) Cuando una persona es discriminada de manera simultánea o consecutiva por razón de sexo y por otra u otras causas de discriminación.
d) Cuando la recibe el hombre por razón de su paternidad.

11. En virtud del artículo 12 de la Ley 7/2023, cualquier trato adverso o efecto negativo que se produzca en una persona como consecuencia de la presentación por su parte de queja, reclamación, denuncia, demanda o recurso, de cualquier tipo, destinados a impedir su discriminación y a exigir el cumplimiento efectivo del principio de igualdad de trato entre mujeres y hombres, se considerará:

a) Discriminación directa.
b) Discriminación por razón de sexo.
c) Injustificado.
d) Acoso sexual.

12. Según establece el artículo 13 de la Ley 7/2023, con el fin de hacer efectivo el derecho constitucional de la igualdad, los Poderes Públicos de Galicia adoptarán medidas específicas en favor de las mujeres para corregir situaciones patentes de desigualdad de hecho respecto de los hombres. Tales medidas, que serán aplicables en tanto subsistan dichas situaciones, habrán de ser en relación con el objetivo perseguido en cada caso razonables y:

a) Justificadas.
b) Autorizadas judicialmente.

c) Transparentes.
d) Proporcionadas.

13. Siguiendo el artículo 16 de la Ley 7/2023, ¿qué palabra falta en la siguiente frase?: "Con arreglo al ejercicio de los derechos de conciliación de la vida personal, familiar y laboral, como manifestación del derecho de las mujeres y hombres a la libre configuración de su tiempo, se promoverá la .... a través del reparto equilibrado entre mujeres y hombres de las obligaciones familiares, las tareas domésticas y el cuidado de personas dependientes mediante la individualización de los derechos y el fomento de su asunción por parte de los hombres y la prohibición de discriminación basada en su libre ejercicio por parte de estos".

a) Corresponsabilidad.
b) Equiparación.
c) Alternancia.
d) Cooperación.

14. Según dispone el artículo 17 de la Ley 7/2023, a través de la promoción de la igualdad de oportunidades entre mujeres y hombres, se buscará que la igualdad y libertad de las personas, con independencia de su sexo y de los estereotipos de género, sean reales y:

a) Equiparables.
b) Efectivas.
c) Frecuentes.
d) Permanentes.

15. A efectos de la Ley 7/2023, al conjunto de construcciones sociales, educativas y culturales de los roles, rasgos de la personalidad, actitudes, actividades, comportamientos, valores, apariencia externa, imagen o expectativas sociales que se asocian o atribuyen de forma diferencial en una determinada sociedad a mujeres y hombres, se le entenderá como:

a) Sexo.
b) Sexismo.
c) Género.
d) Estereotipo.

16. En aplicación del principio de transversalidad de la dimensión de género, la Administración general de la Comunidad Autónoma de Galicia y el sector público autonómico establecen como uno de sus criterios de su actuación y para evitar los efectos negativos sobre los derechos de la mujer, el fomento de la comprensión de la maternidad como:

a) Una función social.
b) Una solución política.

c) Una necesidad existencial.

d) Un don divino.

17. Según el artículo 22.1 de la Ley 7/2023, los proyectos de ley presentados en el Parlamento de Galicia por la Xunta de Galicia se acompañarán de:

a) Un Plan Estratégico de Igualdad de Oportunidades.

b) Una estadística o encuesta que posibilite el conocimiento de las diferencias en los valores, roles, situaciones y condiciones, de mujeres y hombres en el ámbito de acción del proyecto o plan.

c) Un informe periódico sobre el conjunto de sus actuaciones en relación con la efectividad del principio de igualdad entre mujeres y hombres.

d) Un informe sobre su impacto de género.

18. El Consejo de la Xunta de Galicia, a propuesta del órgano competente en materia de igualdad entre mujeres y hombres, aprobará un plan estratégico de igualdad de oportunidades en el que se incluirán medidas necesarias para conseguir el objetivo de la igualdad efectiva de mujeres y hombres y de la erradicación de la violencia de género en la Comunidad Autónoma de Galicia. Según el artículo 26 de la Ley 7/2023, dicho plan se aprobará de forma:

a) Anual.

b) Bianual.

c) Cuatrienal.

d) Periódica.

19. El artículo 27 de la Ley 7/2023, establece una serie de actuaciones que deberán llevar a cabo la Administración de la Comunidad Autónoma de Galicia y las entidades instrumentales que integran el sector público autonómico en la elaboración de sus estudios y estadísticas. Cuál de las siguientes es una de dichas actuaciones:

a) Excluir sistemáticamente la variable de sexo en las estadísticas, encuestas y recogida de datos que lleven a cabo.

b) Realizar muestras lo suficientemente amplias para evitar que las diversas variables incluidas puedan ser explotadas y analizadas en función de la variable de sexo.

c) Explotar los datos de que disponen de modo que se puedan conocer las diferentes situaciones, condiciones, aspiraciones y necesidades de mujeres y hombres en los diferentes ámbitos de intervención.

d) Establecer e incluir en las operaciones estadísticas nuevos indicadores que posibiliten un mejor conocimiento de las similitudes en los valores, roles, situaciones, condiciones, aspiraciones y necesidades de mujeres y hombres.

20. Según el artículo 31 de la Ley 7/2023, ¿en qué consiste el uso no sexista del lenguaje?

a) En la utilización de ambos géneros de forma arbitraria.

b) En la utilización de expresiones lingüísticamente correctas substitutivas de otras que invisibilizan el femenino o que lo sitúan en un plano secundario respecto al masculino.

c) En la utilización de los dos géneros de forma conjunta; primero el femenino y después el masculino.

d) En la utilización en el lenguaje de expresiones neutras, que no se puedan asociar a ninguno de los géneros.

Solución al test n.º 6

1. d) Reforzar el compromiso de la Comunidad Autónoma de Galicia con la eliminación de la discriminación de las mujeres y con la promoción de la igualdad entre mujeres y hombres.

2. b) Transversal.

3. c) Es un principio informador del ordenamiento jurídico autonómico.

4. b) La tendencia sexual.

5. a) Discriminación directa.

6. c) No se considera discriminación indirecta si dicha disposición, criterio o práctica pueden justificarse objetivamente en atención a una finalidad legítima y los medios para alcanzar dicha finalidad son necesarios y adecuados.

7. a) Proporcionado.

8. c) Discriminación directa por razón de sexo.

9. c) Discriminación sexista por error.

10. a) Cuando, junto al sexo, concurren o interactúan otra u otras causas de discriminación, generando una forma específica de discriminación.

11. b) Discriminación por razón de sexo.

12. d) Proporcionadas.

13. a) Corresponsabilidad.

14. b) Efectivas.

15. c) Género.

16. a) Una función social.

17. d) Un informe sobre su impacto de género.

18. d) Periódica.

19. c) Explotar los datos de que disponen de modo que se puedan conocer las diferentes situaciones, condiciones, aspiraciones y necesidades de mujeres y hombres en los diferentes ámbitos de intervención.

20. b) En la utilización de expresiones lingüísticamente correctas substitutivas de otras que invisibilizan el femenino o que lo sitúan en un plano secundario respecto al masculino.

TEST N.º 7

Real Decreto Legislativo 1/2013, de 29 de noviembre, por el que se aprueba el Texto Refundido de la Ley General de Derechos de las Personas con Discapacidad y de su Inclusión Social: Título Preliminar; Capítulo V, Sección 1ª, y Capítulo VIII del Título I y Título II

1. Cuando una persona o grupo en que se integra es objeto de un trato discriminatorio debido a su relación con otra por motivo o por razón de discapacidad, se produce:

a) Discriminación directa.
b) Discriminación indirecta.
c) Discriminación relativa.
d) Discriminación por asociación.

2. El principio en virtud del cual la sociedad promueve valores compartidos orientados al bien común y a la cohesión social, permitiendo que todas las personas con discapacidad tengan las oportunidades y recursos necesarios para participar plenamente en la vida política, económica, social, educativa, laboral y cultural, y para disfrutar de unas condiciones de vida en igualdad con los demás, se denomina:

a) Accesibilidad universal.
b) Inclusión social.
c) Normalización.
d) Acción positiva.

3. Se encarga de la recopilación, sistematización, actualización, generación de información y difusión relacionada con el ámbito de la discapacidad:

a) El Observatorio Estatal de la Discapacidad.
b) La Dirección General de Servicios Sociales
c) El Consejo Nacional de la Discapacidad.
d) El Consejo Interterritorial del Sistema Nacional de Salud.

4. El término "discapacidad" según la definición de la OMS engloba varios aspectos. Señalar de los siguientes cuál no es correcto:

a) Deficiencias.
b) Restricciones de la participación.
c) Dificultades sociales.
d) Limitaciones de la actividad.

5. Las restricciones de la participación son:

a) Problemas para participar en situaciones vitales.
b) Dificultades para ejecutar acciones o tareas.
c) Problemas que afectan a una estructura o función corporal.
d) Anomalías psicológicas de las personas.

6. A través de qué norma se aprueba el texto refundido de la Ley general de derechos de las personas con discapacidad y de su inclusión social:

a) Real decreto legislativo 2/2009, de 13 de noviembre.
b) Real decreto legislativo 1/2013, de 29 de noviembre.
c) Real decreto legislativo 1/2009, de 29 de noviembre.
d) Real decreto legislativo 2/2013, de 13 de noviembre.

7. La situación en que se encuentra una persona con discapacidad cuando es tratada de manera menos favorable que otra en situación análoga por motivo de o por razón de su discapacidad, se denomina:

a) Discriminación directa.
b) Discriminación indirecta.
c) Discriminación relativa.
d) Discriminación por asociación.

8. La adopción de medidas de acción positiva a favor de las personas con discapacidad, se entiende, según la Ley general de derechos de las personas con discapacidad y de su inclusión social, que es:

a) Discriminación indirecta.
b) Discriminación legal.
c) Normalización.
d) Igualdad de oportunidades.

9. El principio en virtud del cual las personas con discapacidad deben poder llevar una vida en igualdad de condiciones, accediendo a los mismos lugares, ámbitos, bienes y servicios que están a disposición de cualquier otra persona, se llama principio de:

a) Igualación.
b) Normalización.

c) Accesibilidad.
d) Equiparación.

10. La situación en la que la persona con discapacidad ejerce el poder de decisión sobre su propia existencia y participa activamente en la vida de su comunidad, conforme al derecho al libre desarrollo de la personalidad, se conoce como:

a) Normalización.
b) Inclusión social.
c) Vida independiente.
d) Integración.

11. El principio en virtud del cual las organizaciones representativas de personas con discapacidad y de sus familias participan, en los términos que establecen las leyes y demás disposiciones normativas, en la elaboración, ejecución, seguimiento y evaluación de las políticas oficiales que se desarrollan en la esfera de las personas con discapacidad, se llama principio de:

a) Transversalidad.
b) Participación activa.
c) Normalización.
d) Diálogo civil.

12. El principio en virtud del cual las actuaciones que desarrollan las Administraciones Públicas no se limitan únicamente a planes, programas y acciones específicos, pensados exclusivamente para estas personas, sino que comprenden las políticas y líneas de acción de carácter general en cualquiera de los ámbitos de actuación pública, en donde se tendrán en cuenta las necesidades y demandas de las personas con discapacidad, es el principio de:

a) Participación.
b) Integralidad.
c) Transversalidad.
d) Aplicación.

13. Tendrán la consideración de personas con discapacidad todas aquellas a quienes se les haya reconocido un grado de discapacidad igual o superior al:

a) 25 %.
b) 33 %.
c) 40 %.
d) 45 %.

14. No está recogido expresamente como uno de los principios de la Ley general de derechos de las personas con discapacidad y de su inclusión social:

a) La igualdad entre mujeres y hombres.
b) La vida independiente.

c) Diseño universal o diseño para todas las personas.
d) La igualdad de trato.

15. Toda conducta no deseada relacionada con la discapacidad de una persona, que tenga como objetivo o consecuencia atentar contra su dignidad o crear un entorno intimidatorio, hostil, degradante, humillante u ofensivo, se considera:

a) Acoso.
b) Maltrato.
c) Falta.
d) Exclusión.

16. Las personas con discapacidad tienen derecho a vivir de forma independiente y a participar plenamente en todos los aspectos de la vida. Para ello, los poderes públicos adoptarán las medidas pertinentes para asegurar:

a) El diálogo civil.
b) La accesibilidad universal.
c) El diseño universal.
d) La participación e inclusión plenas y efectivas en la sociedad.

17. La ausencia de toda discriminación directa o indirecta por motivo o por razón de discapacidad, en el empleo, en la formación y la promoción profesionales y en las condiciones de trabajo, es lo que se entiende por:

a) Accesibilidad.
b) Normalización.
c) Discriminación positiva.
d) Igualdad de trato.

18. A nivel estatal, el procedimiento para el reconocimiento, declaración y calificación del grado de discapacidad está regulado por:

a) El Real Decreto 1971/1999, de 23 de diciembre.
b) El Real Decreto 1997/1991, de 23 de noviembre.
c) El Real Decreto 1997/1999, de 20 de diciembre.
d) El Real Decreto 1971/1997, de 20 de noviembre.

19. ¿En cuántos grados se califican las situaciones de discapacidad?

a) 3 grados.
b) 5 grados.
c) 6 grados.
d) 2 grados.

20. Uno de los principios de la Ley General de derechos de las personas con discapacidad y de su inclusión social, conforme a su artículo 3 es el respeto de la dignidad ...., la autonomía ...., incluida la libertad de tomar las propias decisiones, y la .... de las personas. Señala ordenadamente que 3 palabras faltan en la anterior frase:

a) Inherente/individual/independencia.
b) Propia/social/libertad.
c) Individual/laboral/igualdad.
d) Adquirida/familiar/aceptación.

21. De conformidad con el artículo 32 de la Ley General de derechos de las personas con discapacidad y su inclusión social, en los proyectos de viviendas protegidas, se programará con las características constructivas y de diseño adecuadas que garanticen el acceso y desenvolvimiento cómodo y seguro de las personas con discapacidad, un mínimo del:

a) 4 %.
b) 7 %.
c) 10 %.
d) 14 %.

22. ¿Cuántas personas asesoras expertas figuran en la composición del Consejo Nacional de la Discapacidad?

a) 4.
b) 12.
c) 20.
d) 32.

23. ¿Con cuántas Vocalías cuenta en su composición el Consejo Nacional de la Discapacidad?

a) 12.
b) 20
c) 24.
d) 44.

24. En relación a la indemnización o reparación a que pueda dar lugar la reclamación correspondiente en virtud de la tutela judicial del derecho a la igualdad de oportunidades de las personas con discapacidad, regulada por el artículo 75 del RDL 1/2013, es cierto que:

a) La indemnización o reparación a que pueda dar lugar la reclamación correspondiente estará limitada por un tope máximo fijado «a priori».
b) La indemnización por daño moral procederá únicamente cuando existan perjuicios de carácter económico.

c) La indemnización por daño moral se valorará atendiendo a las circunstancias de la infracción y a la gravedad de la lesión.

d) No se contempla la indemnización por daño moral.

25. Es cierto que en el proceso jurisdiccional en que se haya suscitado una cuestión de discriminación por motivo de o por razón de discapacidad:

a) Corresponderá a la parte demandante la aportación de una justificación objetiva y razonable, suficientemente probada, de la conducta y de las medidas demandadas.

b) El Juez o Tribunal, a instancia de parte, podrá recabar informe o dictamen de los organismos públicos competentes.

c) Si de las alegaciones de la parte actora se deduce la existencia de indicios fundados de discriminación que lleven a un proceso penal, corresponderá a la parte demandada la aportación de una justificación objetiva y razonable, suficientemente probada, de la conducta y de las medidas adoptadas y de su proporcionalidad.

d) En un proceso contencioso-administrativo contra resolución sancionadora por las alegaciones de la parte actora con indicios fundados de discriminación, corresponderá a la parte demandada la aportación de una justificación objetiva y razonable, suficientemente probada, de la conducta y de las medidas adoptadas y de su proporcionalidad.

Solución al test n.º 7

1. d) Discriminación por asociación.

2. b) Inclusión social.

3. a) El Observatorio Estatal de la Discapacidad.

4. c) Dificultades sociales.

5. a) Problemas para participar en situaciones vitales.

6. b) Real decreto legislativo 1/2013, de 29 de noviembre.

7. a) Discriminación directa.

8. d) Igualdad de oportunidades.

9. b) Normalización.

10. c) Vida independiente.

11. d) Diálogo civil.

12. c) Transversalidad.

13. b) 33 %.

14. d) La igualdad de trato.

15. a) Acoso.

16. b) La accesibilidad universal.

17. d) Igualdad de trato.

18. a) El Real Decreto 1971/1999, de 23 de diciembre.

19. b) 5 grados.

20. a) Inherente/individual/independencia.

21. a) 4 %.

22. a) 4.

23. d) 44.

24. c) La indemnización por daño moral se valorará atendiendo a las circunstancias de la infracción y a la gravedad de la lesión.

25. b) El Juez o Tribunal, a instancia de parte, podrá recabar informe o dictamen de los organismos públicos competentes.

TEST N.º 8

Ley 31/1995, de 8 de noviembre, de Prevención de Riesgos Laborales: Capítulos I, II y III

1. La función de vigilancia y control de la normativa sobre prevención de riesgos laborales corresponde:

a) A la Dirección General de Personal y Desarrollo Profesional.
b) A la Delegación Provincial de Trabajo.
c) A la Inspección de Trabajo y Seguridad Social.
d) Al Servicio de Medicina Preventiva.

2. ¿Qué se entiende por "riesgo laboral"?

a) La posibilidad de que un trabajador sufra un determinado daño derivado del trabajo.
b) La posibilidad de que un trabajador sufra una enfermedad en el trabajo.
c) La posibilidad de que un trabajador sufra acoso.
d) El riesgo que supone el ir a trabajar.

3. ¿Quién debe garantizar a los trabajadores la vigilancia periódica de su estado de salud en función de los riesgos inherentes al trabajo?

a) La Inspección de Trabajo.
b) El propio trabajador.
c) El empresario.
d) Las secciones sindicales.

4. El derecho básico reconocido a los trabajadores por la Ley 31/1995, de 8 de noviembre, es:

a) La vigilancia de su estado de salud.
b) Una protección eficaz en materia de seguridad y salud en el trabajo.

c) La formación en materia preventiva.

d) La información, consulta y participación.

5. Indica cuál es la definición de prevención:

a) La probabilidad racional de que un riesgo se materialice de forma inminente.

b) El estudio de los procesos potencialmente peligrosos para el trabajo.

c) Conjunto de actividades o medidas adoptadas o previstas en todas las fases de actividad de la empresa con el fin de evitar o disminuir los riesgos derivados del trabajo.

d) Posibilidad de que un trabajador sufra un determinado daño derivado del trabajo.

6. Quedan bajo el ámbito de la Ley de Prevención de Riesgos Laborales:

a) La totalidad de las relaciones laborales reguladas en el Estatuto de los Trabajadores.

b) La totalidad de las relaciones laborales establecidas en el ámbito de las funciones públicas de policía y seguridad.

c) Las relaciones laborales de carácter especial del servicio del hogar familiar.

d) La totalidad de las relaciones laborales establecidas en los servicios operativos de protección civil y peritaje forense.

7. ¿Cuál es la vigente Ley de Prevención de Riesgos Laborales?

a) Ley 32/1995, de 8 de noviembre.

b) Ley 30/1996, de 8 de noviembre.

c) Ley 31/1995, de 6 de noviembre.

d) Ley 31/1995, de 8 de noviembre.

8. Entre los principios de la acción preventiva recogidos por el artículo 15 de la Ley de Prevención de Riesgos Laborales, no figura:

a) Evitar los riesgos.

b) Evaluar los riesgos que se puedan evitar.

c) Tener en cuenta la evolución de la técnica.

d) Dar las debidas instrucciones a los trabajadores.

9. Entre las obligaciones de los trabajadores recogidas por la Ley de Prevención de Riesgos Laborales, no figura:

a) Informar directamente al empresario de cualquier situación que entrañe riesgo para la seguridad o salud de los trabajadores.

b) Contribuir al cumplimiento de las obligaciones establecidas por la autoridad competente con el fin de proteger la seguridad y la salud de los trabajadores en el trabajo.

c) Cooperar con el empresario para que este pueda garantizar unas condiciones de trabajo que sean seguras y no entrañen riesgos para la seguridad y la salud de los trabajadores.

d) Utilizar correctamente los medios y equipos de protección facilitados por el empresario, de acuerdo con las instrucciones recibidas de este.

10. ¿Qué función corresponde a la Inspección de Trabajo y Seguridad Social?

a) Únicamente la función de vigilancia sobre prevención de riesgos laborales.

b) Únicamente la función de control de la normativa sobre prevención de riesgos laborales.

c) Tanto la función de vigilancia como la de control de la normativa sobre prevención de riesgos laborales.

d) Otras funciones, ajenas a la materia de prevención de riesgos laborales.

11. El órgano científico técnico especializado de la Administración General del Estado que tiene como misión el análisis y estudio de las condiciones de seguridad y salud en el trabajo, así como la promoción y apoyo a la mejora de las mismas, es:

a) El Instituto Nacional de Seguridad y Salud en el Trabajo.

b) La Comisión Nacional de Seguridad y Salud en el Trabajo.

c) El Instituto Carlos III.

d) El Centro Nacional de Promoción y Cuidados de la Salud.

12. La Presidencia de la Comisión Nacional de Seguridad y Salud en el Trabajo, corresponde a:

a) El titular del Ministerio competente en materia de Sanidad.

b) El titular del Ministerio competente en materia de Empleo.

c) El Secretario de Estado de Empleo.

d) El Director del Instituto Nacional de Seguridad y Salud en el Trabajo.

13. ¿Qué capítulo de la Ley 31/1995, de Prevención de Riesgos Laborales se refiere a los derechos y obligaciones?

a) Capítulo 2.

b) Capítulo 3.

c) Capítulo 4.

d) Capítulo 5.

14. La evaluación de los riesgos laborales es:

a) Es un proceso técnico en la organización del trabajo.

b) Un proceso dirigido a estimar la magnitud de los riesgos que no hayan podido evitarse.

c) Es un procedimiento estático.

d) Es una práctica para el control y la protección de los trabajadores.

15. En los casos de concurrencia de trabajadores de varias empresas en un centro de trabajo cuando existe un empresario principal, uno de los deberes de vigilancia por parte de este, consistirá en:

a) Impulsar la regulación de esquemas organizativos, que eviten los accidentes de trabajo.

b) Comprobar que las empresas contratistas y subcontratistas concurrentes en su centro de trabajo han establecido los necesarios medios de coordinación entre ellas.

c) Asegurar la correcta utilización por parte de los trabajadores de las empresas concurrentes de los correspondientes dispositivos de seguridad disponibles.

d) Asegurarse de que los trabajadores concurrentes disponen de la formación preventiva correspondiente.

16. Cuando los trabajadores estén expuestos a un riesgo grave e inminente con ocasión de su trabajo, y el empresario no adopte o no permita la adopción de las medidas necesarias para garantizar la seguridad y la salud de los trabajadores, la Ley 31/1995, de 8 de noviembre, de Prevención de Riesgos Laborales prevé:

a) Los trabajadores afectados podrán paralizar la actividad.

b) El órgano de representación del personal instará formalmente al empresario a la adopción de las medidas necesarias.

c) Los Delegados de Prevención lo comunicarán a la autoridad laboral, que adoptará las medidas necesarias.

d) El órgano de representación de personal podrá acordar la paralización de la actividad.

17. Según establece el art. 4 de la Ley 31/1995, de 8 de noviembre, de Prevención de Riesgos Laborales, se define como daños derivados del trabajo:

a) La posibilidad de que un trabajador sufra un determinado daño derivado del trabajo.

b) El que resulte probable racionalmente que se materialice en un futuro inmediato y pueda suponer y pueda suponer un daño grave para la salud de los trabajadores.

c) Las enfermedades, patologías o lesiones sufridas con motivo u ocasión del trabajo.

d) Cualquier máquina, aparato, instrumento o instalación utilizada en el trabajo.

18. El art. 10 de la LPRL establece las actuaciones que le corresponderán a las Administraciones Públicas en materia sanitaria. De las siguientes respuestas señale la incorrecta:

a) El establecimiento de medios adecuados para la evaluación y control de las actuaciones de carácter sanitario que se realicen en empresas por los servicios de prevención actuantes.

b) La supervisión de la formación que, en materia de prevención y promoción de la salud laboral, deba recibir el personal sanitario actuante en los servicios de prevención autorizados.

c) Elaborar los informes solicitados por los Juzgados de lo social en las demandas deducidas ante los mismos en los procedimientos de accidentes de trabajo y enfermedades profesionales.

d) La elaboración y divulgación de estudios, investigaciones y estadísticas relacionados con la salud de los trabajadores.

19. El art. 21 de la LPRL establece los requisitos y el procedimiento para que los representantes legales de los trabajadores acuerden la paralización de la actividad de los trabajadores que están o puedan estar expuestos a un riesgo grave e inminente si el empresario no adopta las medidas necesarias para garantizar la seguridad y salud de los trabajadores. La medida será adoptada por:

a) Acuerdo por mayoría absoluta de sus miembros. Tal acuerdo será comunicado de inmediato a la empresa y a la autoridad laboral, la cual, en el plazo de 48 horas, anulará o ratificará la paralización acordada.

b) Acuerdo por mayoría de 2/3 de sus miembros. Tal acuerdo será comunicado de inmediato a la empresa y a la autoridad laboral, la cual, en el plazo de 24 horas, anulará o ratificará la paralización acordada.

c) Acuerdo por mayoría de sus miembros. Tal acuerdo será comunicado de inmediato a la empresa y a la autoridad laboral, la cual, en el plazo de 48 horas, anulará o ratificará la paralización acordada.

d) Acuerdo por mayoría de sus miembros. Tal acuerdo será comunicado de inmediato a la empresa y a la autoridad laboral, la cual, en el plazo de 24 horas, anulará o ratificará la paralización acordada.

20. El art. 23 de la LPRL establece la documentación que el empresario debe elaborar y conservar a disposición de la autoridad laboral. De las siguientes no está incluido:

a) El Plan de prevención de riesgos laborales.

b) Evaluación de los riesgos para la seguridad y la salud en el trabajo.

c) La planificación de la actividad laboral.

d) La relación de accidentes de trabajo y enfermedades profesionales que hayan causado al trabajador una incapacidad laboral superior a un día de trabajo.

21. Los instrumentos esenciales para la gestión y aplicación del Plan de prevención de riesgos laborales son:

a) La evaluación de riesgos y la planificación de la actividad preventiva.

b) La evaluación inicial de riesgos y la formación.

c) La planificación y la gestión de la actividad preventiva.

d) La identificación y la evaluación de los riesgos.

22. El posible cambio de puesto de trabajo con riesgo para una trabajadora embarazada:

a) Deberá realizarse en caso de imposibilidad de adaptación del propio puesto.

b) Se hará previo informe en tal sentido del Servicio de Prevención.

c) Se determinará por el empresario, y dará información a los representantes de los trabajadores.

d) Se extenderá al período de lactancia.

23. La prevención de riesgos laborales deberá integrarse en el sistema general de gestión de la empresa a través de:

a) La política preventiva.

b) El plan de prevención.

c) El consenso de las partes.

d) El poder de decisión del empresario.

24. El objeto y carácter de la norma de la Ley 31/95 de Prevención de Riesgos Laborales dice:

a) La presente Ley tiene por objeto promover la salud de los trabajadores mediante la aplicación de medidas y el desarrollo de las actividades necesarias para la prevención de riesgos derivados del trabajo.

b) La presente Ley tiene por objeto promover la seguridad y la salud de los trabajadores mediante la aplicación de medidas y el desarrollo de las actividades necesarias para la prevención de riesgos derivados del trabajo.

c) La presente Ley tiene por objeto promover la seguridad de los trabajadores mediante la aplicación de medidas y el desarrollo de las actividades necesarias para la prevención de riesgos derivados del trabajo.

d) La presente Ley tiene por objeto promover la seguridad, la salud de los trabajadores y la negociación entre empresa y delegados de prevención, mediante la aplicación de medidas y el desarrollo de las actividades necesarias para la prevención de riesgos derivados del trabajo.

25. Las normas reglamentarias en materia de prevención las dicta:

a) El Gobierno, a través de las correspondientes normas reglamentarias y previa consulta a las organizaciones sindicales y empresariales más representativas.

b) Los Delegados de Prevención.

c) Los Delegados de Prevención y el Empresario.

d) El Empresario.

26. La Comisión Nacional de Seguridad y Salud en el trabajo, está compuesta por:

a) Representantes de las organizaciones sindicales y empresariales.

b) Un representante de cada una de las Comunidades Autónomas y representantes de las organizaciones sindicales y empresariales.

c) Representantes de la Administración y representantes de las organizaciones sindicales y empresariales.

d) Un representante de cada una de las Comunidades Autónomas y por igual número de miembros de la Administración General del Estado y, paritariamente con todos los anteriores, por representantes de las organizaciones empresariales y sindicales más representativas.

27. La acción preventiva en la empresa:

a) Se planificará por el Comité de Seguridad y Salud a partir de una evaluación inicial de riesgos.

b) Se planificará por los Delegados de Prevención a partir de una evaluación inicial de riesgos.

c) Se planificará por el empresario a partir de una evaluación inicial de riesgos.

d) Se planificará por los Delegados de Personal a partir de una evaluación inicial de riesgos.

28. ¿Cuándo se deben utilizar los equipos de protección individual?

a) Siempre.
b) Cuando los riesgos no hayan sido evaluados.
c) Cuando los riesgos no se puedan evitar o no puedan limitarse.
d) Cuando el trabajador lo estime oportuno.

29. ¿Debe el trabajador prestar su consentimiento para que le realicen vigilancia de la salud?

a) No.
b) Sí.
c) Depende del número de trabajadores de la empresa.
d) Esta prestación es solo para personal fijo en la empresa.

30. La información y formación de los trabajadores, debe ser asesorada y apoyada a la empresa por:

a) Por los Delegados de Prevención.
b) Por las Secciones Sindicales.
c) Por la Inspección de Trabajo y Seguridad Social.
d) Por los Servicios de Prevención.

Solución al test n.º 8

1. c) A la Inspección de Trabajo y Seguridad Social.

2. a) La posibilidad de que un trabajador sufra un determinado daño derivado del trabajo.

3. c) El empresario.

4. b) Una protección eficaz en materia de seguridad y salud en el trabajo.

5. c) Conjunto de actividades o medidas adoptadas o previstas en todas las fases de actividad de la empresa con el fin de evitar o disminuir los riesgos derivados del trabajo.

6. a) La totalidad de las relaciones laborales reguladas en el Estatuto de los Trabajadores.

7. d) Ley 31/1995, de 8 de noviembre.

8. b) Evaluar los riesgos que se puedan evitar.

9. a) Informar directamente al empresario de cualquier situación que entrañe riesgo para la seguridad o salud de los trabajadores.

10. c) Tanto la función de vigilancia como la de control de la normativa sobre prevención de riesgos laborales.

11. a) El Instituto Nacional de Seguridad y Salud en el Trabajo.

12. c) El Secretario de Estado de Empleo.

13. b) Capítulo 3.

14. b) Un proceso dirigido a estimar la magnitud de los riesgos que no hayan podido evitarse.

15. b) Comprobar que las empresas contratistas y subcontratistas concurrentes en su centro de trabajo han establecido los necesarios medios de coordinación entre ellas.

16. d) El órgano de representación de personal podrá acordar la paralización de la actividad.

17. c) Las enfermedades, patologías o lesiones sufridas con motivo u ocasión del trabajo.

18. c) Elaborar los informes solicitados por los Juzgados de lo social en las demandas deducidas ante los mismos en los procedimientos de accidentes de trabajo y enfermedades profesionales.

19. d) Acuerdo por mayoría de sus miembros. Tal acuerdo será comunicado de inmediato a la empresa y a la autoridad laboral, la cual, en el plazo de 24 horas, anulará o ratificará la paralización acordada.

20. c) La planificación de la actividad laboral.

21. a) La evaluación de riesgos y la planificación de la actividad preventiva.

22. a) Deberá realizarse en caso de imposibilidad de adaptación del propio puesto.

23. b) El plan de prevención.

24. b) La presente Ley tiene por objeto promover la seguridad y la salud de los trabajadores mediante la aplicación de medidas y el desarrollo de las actividades necesarias para la prevención de riesgos derivados del trabajo.

25. a) El Gobierno, a través de las correspondientes normas reglamentarias y previa consulta a las organizaciones sindicales y empresariales más representativas.

26. d) Un representante de cada una de las Comunidades Autónomas y por igual número de miembros de la Administración General del Estado y, paritariamente con todos los anteriores, por representantes de las organizaciones empresariales y sindicales más representativas.

27. c) Se planificará por el empresario a partir de una evaluación inicial de riesgos.

28. c) Cuando los riesgos no se puedan evitar o no puedan limitarse.

29. b) Sí.

30. d) Por los Servicios de Prevención.

TEST

TEST N.º 1

Aparatos e instrumentos de limpieza

1. Es una característica de la fliselina:

a) Alta flamabilidad.
b) Poca resistencia a la abrasión.
c) Genera pelusas e hilachas libres en condiciones normales de uso.
d) Resistente al calor.

2. En el barrido manual, una vez amontonados los residuos, se retiran y depositan en los contenedores del carrito con:

a) El escobillo y el recogedor.
b) La espátula y la pala.
c) Las tablillas y la sopladora.
d) La escoba y las pinzas.

3. Las tablillas son un utensilio utilizado en algunos lugares, para el barrido manual, para:

a) Desincrustar chicles de las aceras.
b) Arrastrar, amontonar y recoger residuos en pequeños espacios.
c) Cepillar amplias áreas de acerado.
d) Trasladar residuos de la bolsa del carrito al contenedor.

4. Un cepillo pequeño que se utiliza para empujar hacia la pala o el recogedor los residuos amontonados previamente, es:

a) El cepillo de púas.
b) El rastrillo.
c) La tablilla.
d) El escobijo o escobillo.

5. Una de las siguientes no es una característica del carrito que lleva el operario/a de limpieza del barrido manual, ¿cuál?

a) Ser maniobrable, ligero y cómodo.
b) Contar con un espacio destinado a los útiles de limpieza y otro para uno o dos cubos de plástico.
c) Tienen, por lo habitual, dos ruedas.
d) Los actuales tienen un gran tamaño para evitar desplazamientos a los puntos de vertido.

6. Para retirar la hierba o maleza existente en el acerado, el operario/a de limpieza del barrido manual utiliza:

a) Escoba y rascador.
b) Azada y rastrillo.
c) Espátula y pala.
d) Escobijo y palustre curvo.

7. El instrumento dotado de cuchillas y un mango largo, utilizado por el operario/a de limpieza del barrido manual para desincrustar sustancias pegadas al pavimento, es:

a) El rascador.
b) El cepillo de púas.
c) El rastrillo.
d) El escobijo.

8. La herramienta utilizada como alternativa a la escoba, para el arrastre de residuos en el pavimento, con mayor capacidad aún de arrastre es:

a) La pala.
b) El escobillo.
c) El cepillo.
d) Las tablillas.

9. Las mangueras más recomendables en el servicio de baldeo manual han de tener una longitud de unos:

a) 10 metros.
b) 25 metros.
c) 50 metros.
d) 100 metros.

10. El aparato eléctrico que frota un disco en el suelo para succionar la suciedad de la superficie, se denomina:

a) Pulidora.
b) Monocepillo.
c) Aspirador mixto.
d) Vaporosa.

11. ¿Para qué uso está diseñada la fregadora automática?

a) Espacios reducidos.
b) Exteriores.
c) Pasillos.
d) Habitaciones.

12. ¿Cómo serán los dos cubos del carro para sistema de doble cubo?

a) Del mismo color.
b) De entre 3-5 litros.
c) De distinto color.
d) De distinta forma.

13. El material de limpieza se limpiará con:

a) Agua más detergente ácido más bayeta y estropajo si fuera preciso.
b) Agua más detergente alcalino más paño y estropajo si fuera preciso.
c) Agua más detergente neutro más bayeta y estropajo si fuera preciso.
d) Agua más detergente básico más estropajo y desinfectante si fuera preciso.

14. Los cubos de basura se limpiarán:

a) Antes y después de la jornada laboral.
b) Tres veces al día.
c) Cada día.
d) Cada semana, o cuando sea necesario.

15. El carro de transporte del cubo de basura debe limpiarse cada:

a) Trimestre.
b) Mes.
c) Semana.
d) Día.

16. ¿Qué afirmación es incorrecta en relación con la conservación del material de limpieza?

a) Una vez realizada la limpieza del mobiliario se limpiará el material utilizado en limpieza de mobiliario.
b) Una vez limpio el material de limpieza, que antes se empleó en la limpieza del mobiliario, se dejará en situación de secado.
c) Para aprovechar los útiles de limpieza y alargar su vida, se empleará el material estropeado y sucio para realizar la limpieza diaria.
d) Tras finalizar el trabajo de limpieza se cerrarán puertas y ventanas.

17. ¿Cuándo se someterán todos los utensilios utilizados a una correcta limpieza, de forma tal que nos permita disponer de los mismos en perfecto estado al comienzo de la jornada siguiente?

a) En el mismo inicio de la jornada siguiente.
b) En el inicio de la jornada anterior.
c) Finalizada la jornada de trabajo.
d) No existe un protocolo claro de cuándo efectuarlo.

18. ¿Quién designa corrientemente la normativa de uniformidad del trabajador de limpieza?

a) Deberá ajustarse a la que designe el Comité de empresa.
b) Deberá ajustarse a la que designe el sindicato mayoritario elegido por los trabajadores de la empresa.
c) Deberá ajustarse a la que designe la empresa para la que trabaja.
d) Deberá ajustarse a la que designe la Administración Local (Ayuntamiento).

19. ¿Cómo deberá estar siempre el uniforme del trabajador de limpieza?

a) Limpio, con arrugas en ocasiones (durante la jornada) y sin roturas.
b) Limpio y planchado.
c) Limpio y sin roturas.
d) Limpio, planchado y sin roturas.

20. Todo lo que se dice de la vestimenta y aseo personal de los trabajadores de limpieza es cierto, excepto:

a) El aspecto del personal de limpieza será garantía de prestigio para la empresa para quien se trabaja.
b) El pelo deberá llevarse limpio.
c) El pelo del trabajador, cuando lo tiene excesivamente largo, no es necesario que se recoja, debido al respeto a la intimidad del mismo.
d) El uniforme del trabajador de limpieza deberá estar siempre planchado, limpio y sin roturas.

21. El calzado empleado en limpieza deberá ser:

a) El calzado será el mismo para todas las tareas.
b) No importa el tipo de calzado que lleve el trabajador de limpieza.
c) El calzado empleado en el fregado o/y riego o baldeo de suelos debe ser el mismo que el del barrido en seco.
d) El calzado deberá ser el apropiado para la tarea que se tenga que realizar.

22. El aseo personal del trabajador debe ser:

a) Diario.
b) Cada dos días.

c) Cada tres días.

d) Hasta cada semana, si sigue limpio.

23. ¿Hasta qué punto puede ser importante el aseo personal del trabajador de la empresa de limpieza para el propio operario?

a) Necesario para realizar su tarea diaria.

b) Necesario por estética de la empresa.

c) Será condición indispensable para la continuidad en el puesto de trabajo.

d) Necesario para poder cobrar semanalmente.

24. ¿Qué zona del cuerpo de trabajador requiere una especial atención en su aseo, mediante lavado, ya que puede ser un vehículo de contaminación de microorganismos?

a) Pies.

b) Manos.

c) Cara.

d) Tronco.

25. ¿Cuándo no deben lavarse las manos?

a) Después de manipular material sucio (basuras).

b) Después de cambiarse de ropa y antes de empezar a trabajar.

c) Comiendo, ya que se han lavado antes de comer.

d) Después de utilizar el WC.

26. Las manos deben lavarse en la jornada laboral:

a) Antes de empezar a trabajar.

b) Al finalizar la jornada.

c) Siempre que lo creamos necesario.

d) En todas las ocasiones anteriores.

27. Además de lavarnos las manos, para protegernos en el trabajo de limpieza de las contaminaciones involuntarias emplearemos:

a) Cuidados en no tocar lo que no debemos.

b) Especie de ungüentos que impiden que nos contaminemos.

c) Guantes.

d) Todo lo anterior es cierto.

28. Los paños son clasificados por colores en función de donde vayan a ser utilizados. ¿De qué color ha de ser el paño que se utilice únicamente para limpiar los sanitarios que no sea retrete?

a) Azul.

b) Rojo.

c) Amarillo.
d) Verde.

29. ¿Cómo se denomina el cepillo pequeño que se utiliza para empujar hacia la pala o el recogedor los residuos amontonados previamente?

a) Escoba.
b) Escobillo o escobijo.
c) Mopa.
d) Cepillo.

30. ¿Cuál de las siguientes palas utilizaría para la limpieza de los sumideros?

a) La pala cuadrada pequeña.
b) La pala cuadrada de recogida o de carbonero.
c) La pala rectangular con los rebordes laterales altos.
d) La pala redonda de arenero.

31. ¿De qué materiales puede ser el capazo?

a) De goma.
b) De esparto.
c) De plástico.
d) Todas las respuestas son correctas.

32. ¿Cuál de los siguientes instrumentos utilizaría para desincrustar sustancias pegadas al pavimento, como los chicles, caramelos, cera o resina?

a) El rascador.
b) Una pala.
c) El rastrillo.
d) La azada.

33. Señala cuál de las siguientes no es una de las características que han de tener las mangueras utilizadas en el baldeo manual:

a) Alta resistencia al corte.
b) Gran diámetro, para un abundante riego.
c) Acoplamiento rápido y estandarizado a la red pública de riego.
d) Flexibles y manejables.

34. ¿Con qué nombre se conoce también a las pinzas recoge objetos?

a) Stikers.
b) Snacks.

c) Flexers.
d) Altunas.

35. El carro de limpieza para el sistema de doble cubo o rasante dispondrá de una bandeja para material de cuartos de baño y otra para material de limpieza de mobiliario, con una profundidad mínima de:

a) 10 centímetros.
b) 15 centímetros.
c) 20 centímetros.
d) 30 centímetros.

36. El carro de limpieza para el sistema de doble cubo o rasante dispondrá de dos cubos pequeños para la limpieza de superficies diferentes al suelo, y para limpiar los paños después de cada habitación, de color:

a) Azul y rojo.
b) Blanco y negro.
c) Azul y verde.
d) Amarillo y rojo.

37. ¿Qué parte del aplicador de desinfectante permite un ahorro importante de producto al ser dosificado de modo más racional?

a) Eje.
b) Depósito.
c) Soporte.
d) Mango extractor.

38. ¿Qué parte del aplicador de desinfectante permite el deslizamiento hacia adelante y hacía atrás?

a) Eje.
b) Soporte.
c) Articulación entre el soporte y el eje.
d) Depósito.

39. ¿Qué permite una aplicación uniforme del producto desinfectante, sin que las irregularidades de la superficie supongan un problema, en el aplicador de desinfectante?

a) Eje.
b) Labios adaptables.
c) Articulación entre el soporte y el eje.
d) Depósito.

Solución al test n.º 1

1. d) Resistente al calor.

2. a) El escobillo y el recogedor.

3. b) Arrastrar, amontonar y recoger residuos en pequeños espacios.

4. d) El escobijo o escobillo.

5. d) Los actuales tienen un gran tamaño para evitar desplazamientos a los puntos de vertido.

6. b) Azada y rastrillo.

7. a) El rascador.

8. c) El cepillo.

9. b) 25 metros.

10. b) Monocepillo.

11. c) Pasillos.

12. c) De distinto color.

13. c) Agua más detergente neutro más bayeta y estropajo si fuera preciso.

14. c) Cada día.

15. d) Día.

16. c) Para aprovechar los útiles de limpieza y alargar su vida, se empleará el material estropeado y sucio para realizar la limpieza diaria.

17. c) Finalizada la jornada de trabajo.

18. c) Deberá ajustarse a la que designe la empresa para la que trabaja.

19. d) Limpio, planchado y sin roturas.

20. c) El pelo del trabajador, cuando lo tiene excesivamente largo, no es ׀ se recoja, debido al respeto a la intimidad del mismo.

21. d) El calzado deberá ser el apropiado para la tarea que se tenga que

22. a) Diario.

23. c) Será condición indispensable para la continuidad en el puesto de

24. b) Manos.

25. c) Comiendo, ya que se han lavado antes de comer.

26. d) En todas las ocasiones anteriores.

27. c) Guantes.

28. c) Amarillo.

29. b) Escobillo o escobijo.

30. c) La pala rectangular con los rebordes laterales altos.

31. d) Todas las respuestas son correctas.

32. a) El rascador.

33. b) Gran diámetro, para un abundante riego.

34. b) Snacks.

35. b) 15 centímetros.

36. a) Azul y rojo.

37. b) Depósito.

38. c) Articulación entre el soporte y el eje.

39. b) Labios adaptables.

19. d) Limpio, planchado y sin roturas.

20. c) El pelo del trabajador, cuando lo tiene excesivamente largo, no es necesario que se recoja, debido al respeto a la intimidad del mismo.

21. d) El calzado deberá ser el apropiado para la tarea que se tenga que realizar.

22. a) Diario.

23. c) Será condición indispensable para la continuidad en el puesto de trabajo.

24. b) Manos.

25. c) Comiendo, ya que se han lavado antes de comer.

26. d) En todas las ocasiones anteriores.

27. c) Guantes.

28. c) Amarillo.

29. b) Escobillo o escobijo.

30. c) La pala rectangular con los rebordes laterales altos.

31. d) Todas las respuestas son correctas.

32. a) El rascador.

33. b) Gran diámetro, para un abundante riego.

34. b) Snacks.

35. b) 15 centímetros.

36. a) Azul y rojo.

37. b) Depósito.

38. c) Articulación entre el soporte y el eje.

39. b) Labios adaptables.

TEST N.º 2

Productos y técnicas de limpieza

1. ¿Cuál es el desinfectante de alto nivel para equipo médico como endoscopios, tubos de espirómetro, dializadores, transductores, equipos de terapia respiratoria y de anestesia?

a) La lejía.
b) El formaldehído.
c) El glioxal.
d) El glutaraldehído.

2. ¿Qué tipo de detergentes compatibles con la lejía, tienen gran poder emulsionante y una capacidad antiséptica baja ya que no produce selección de gérmenes?

a) Los detergentes no iónicos.
b) Los detergentes anfóteros.
c) Los detergentes aniónicos.
d) Los detergentes catiónicos.

3. ¿Qué tipo de detergentes actúan como catiónicos o aniónicos dependiendo del medio en el que se encuentren, son compatibles con el resto de tensioactivos, con la piel y mucosas y tienen baja sensibilidad a las aguas duras?

a) Los detergentes no iónicos.
b) Los detergentes anfóteros.
c) Los detergentes aniónicos.
d) Los detergentes catiónicos.

4. Señala la respuesta incorrecta respecto a los detergentes alcalinos o básicos:

a) Son productos de gran eficacia, pero de elevado poder corrosivo.
b) Son productos de gran eficacia en los procesos de limpieza de la suciedad en general.
c) Son los más indicados para manchas proteicas y también para manchas de grasa.
d) Son aquellos cuyo pH supera el valor de 9.

5. Los detergentes neutros son aquellos cuyo nivel de pH:

a) Es de 5.
b) Es inferior a 5.
c) Supera el valor de 9.
d) Está comprendido entre 6 y 8.

6. Señala una de las características del desinfectante ideal:

a) Estable, tanto en la forma concentrada como en la diluida del producto.
b) Solubilidad en agua.
c) Amplio espectro (bactericida, virucida, fungicida y esporicida).
d) Todas las respuestas son correctas.

7. ¿Cómo se denomina el compuesto que reduce pero no necesariamente elimina los microorganismos desde el medioambiente inanimado y suele ser utilizado generalmente en contacto con los alimentos?

a) Desinfectante de hospital.
b) Detergente desinfectante.
c) Sanitizante.
d) Desinfectante general o de amplio espectro.

8. Señala la respuesta incorrecta respecto a la lejía:

a) Su contenido en cloro activo no será inferior a 35 g/l, ni superior a 100 g/l.
b) Es estable aunque tiene poco efecto remanente y se inactiva muy fácilmente en presencia de materia orgánica.
c) Es el derivado clorado más utilizado, pues tiene un amplio espectro antibacteriano.
d) Es de acción rápida y a la vez económica.

9. ¿Cuál es la dilución de uso de la lejía para zonas de alto riesgo?

a) 1:50 (9,8 litros de agua y 200 ml de lejía).
b) 1:10 (9 litros de agua y 1 de lejía).
c) 2:10 (8 litros de agua y 2 de lejía).
d) 5:10 (5 litros de agua y 5 de lejía).

10. Señala la respuesta incorrecta respecto a los fenoles:

a) Se utilizan en la desinfección de objetos inanimados, superficies y ambiente a la concentración del 1 al 5 %.
b) Son poco solubles en agua, pero unidos a jabones y lejías se obtienen emulsiones densas y estables.
c) De acción rápida en 10 o 15 minutos.
d) Son activos frente a hongos y bacterias Gram (+) y menos frente a las Gram (-).

11. ¿Cuál es la concentración óptima del alcohol?

a) 90 %.
b) 75 %.
c) 70 %.
d) 50 %.

12. Señala la respuesta correcta respecto al alcohol:

a) El alcohol etílico es un buen desinfectante de superficies, de acción lenta y alta potencia.
b) Su actividad depende de la concentración, situándose su máxima actividad entre 40 y 60º.
c) Los alcoholes se inactivan en presencia de materia orgánica.
d) Tiene un tiempo de acción mínimo de 5 minutos.

13. Respecto a los desinfectantes basados en oxígeno activo debemos saber que:

a) Puede utilizarse sobre acero inoxidable de baja calidad ya que no es oxidante.
b) Es recomendable para la limpieza y desinfección de todo tipo de superficies.
c) No se recomienda para incubadoras, utillaje y aparatos.
d) Solo actúan en superficies limpias.

14. Señala la respuesta incorrecta:

a) Los limpiametales se aplican sobre aquellos metales que no puedan limpiarse con solución de detergente neutro.
b) Los limpiacristales se pulverizan, se dejan secar y posteriormente se retiran con bayeta seca.
c) Los limpiamuebles pueden ser sustituidos por una bayeta humedecida en solución de detergente neutro.
d) Los limpiamuebles se deben aplicar en la bayeta inmediatamente antes de su uso y, a ser posible, sobre mobiliario no lavable.

15. ¿Qué tipo de detergentes no se disocian en el agua, por lo que carecen de carga y apenas alteran la función barrera cutánea, se emplean para regular la presencia de espuma en los tensioactivos aniónicos y son solubles en agua, funcionando bien en aguas duras?

a) Los detergentes no iónicos.
b) Los detergentes anfóteros.
c) Los detergentes catiónicos.
d) Los detergentes aniónicos.

16. ¿Cómo se denominan los detergentes cuyo nivel de pH es de 5 o inferior, son de gran eficacia, pero de elevado poder corrosivo?

a) Detergentes neutros.
b) Detergentes básicos.
c) Detergentes ácidos.
d) Detergentes alcalinos.

17. ¿Cuál de los siguientes detergentes está destinado a superficies delicadas o en tratamientos de limpieza de gran frecuencia o escasa suciedad, algo determinado por su poca agresividad?

a) Los detergentes neutros.
b) Los detergentes básicos.
c) Los detergentes ácidos.
d) Los detergentes alcalinos.

18. Señala la respuesta incorrecta respecto a los desinfectantes:

a) Son un agente químico que destruye o inhibe el crecimiento de microorganismos patógenos en fase vegetativa o no esporulada.
b) No necesariamente matan todos los organismos, pero los reducen a un nivel que no dañan la salud ni la calidad de los bienes perecederos.
c) Se aplican sobre objetos y materiales inanimados, como instrumentos y superficies, para tratar y prevenir la infección.
d) Tienen consideración de medicamentos los antisépticos para piel sana, incluidos los destinados al campo quirúrgico preoperatorio y los destinados a la desinfección del punto de inyección.

19. Señala la respuesta incorrecta respecto a la lejía:

a) La dilución se preparará días antes de su utilización para mayor eficacia y preferentemente en lugares ventilados.
b) No se mezclará con otros desinfectantes.
c) La dilución se debe hacer con agua fría.
d) Mantendremos el envase bien etiquetado, siempre cerrado y protegido de la luz.

20. ¿Qué materiales corroe la lejía?

a) El hierro.
b) El níquel.
c) El acero cromado.
d) Todas las respuestas son correctas.

21. ¿Cuál es el desinfectante de elección en instrumentos reutilizables para hemodiálisis?

a) La lejía.
b) El formaldehído.

c) El glioxal.
d) El glutaraldehído.

22. ¿Con qué letra se denominan las indicaciones de peligro de las etiquetas de los productos?

a) P.
b) R.
c) H.
d) S.

23. ¿Cómo se denomina el documento elaborado por el fabricante de una sustancia o mezcla química en la que se ofrece abundante información sobre sus riesgos?

a) Ficha de datos de seguridad.
b) Etiqueta.
c) envase.
d) Prospecto.

24. ¿Qué datos contendrá la FDS sobre la manipulación y almacenamiento del producto?

a) Precauciones para una manipulación segura.
b) Condiciones de almacenamiento seguro, incluidas posibles incompatibilidades.
c) Usos específicos finales.
d) Todas las respuestas son correctas.

25. ¿Qué tipo de peligro tienen las sustancias comburentes?

a) Físicos.
b) Químicos.
c) Para la salud.
d) Para el medio ambiente.

26. Cuando una sustancia o mezcla inducen cáncer o aumentan su incidencia, ¿cómo se denomina?

a) Mutagénica.
b) Carcinogénica.
c) Pirogénica.
d) Tóxica.

27. Si en la etiqueta de un producto aparece el siguiente símbolo significa qué es:

a) Peligroso para el medio ambiente.
b) Nocivo.
c) Biodegradable.
d) Tóxico.

28. Los pictogramas de peligro son composiciones gráficas que contienen:

a) Un símbolo rojo sobre un fondo negro, con un marco naranja lo suficientemente ancho para ser claramente visible.

b) Un símbolo blanco sobre un fondo negro, con un marco rojo lo suficientemente ancho para ser claramente visible.

c) Un símbolo rojo sobre un fondo blanco, con un marco naranja lo suficientemente ancho para ser claramente visible.

d) Un símbolo negro sobre un fondo blanco, con un marco rojo lo suficientemente ancho para ser claramente visible.

29. Las indicaciones de peligro, llamadas H, se agrupan en:

a) Peligros para la salud humana.

b) Peligros físicos.

c) Peligros para el medio ambiente.

d) Todas las respuestas son correctas.

30. El documento que elabora el fabricante de una sustancia o mezcla química para informar de sus riesgos se llama:

a) Libro Técnico de Riesgos.

b) Ficha de Datos de Seguridad.

c) Libro de Instrucciones.

d) Nota Técnica de Prevención.

31. Los envases en que se presentan para la venta los productos de limpieza han de cumplir ciertos requisitos. ¿Cuál de los siguientes es falso?

a) Los materiales que constituyen los envases y sus cierres han de ser fácilmente solubles en el contenido para no entrar en reacción con él.

b) Los envases y sus cierres estará diseñados y fabricados de manera que sean estancos, fuertes y sólidos.

c) Los envases de los productos con un sistema de cierre reutilizable dispondrán de un cierre de características y diseños tales que una vez abiertos puedan ser nuevamente cerrados sin perder su carácter estanco.

d) La válvula de los productos envasados en aerosoles deberá permitir el cierre prácticamente hermético del generador de aerosol y estar protegida contra toda abertura involuntaria.

32. El Reglamento CLP establece tres tipos de peligros que pueden representar las sustancias o sus mezclas; señala la incorrecta:

a) Peligros para el medio ambiente.

b) Peligros físicos.

c) Peligros para la salud.

d) Peligros contagiables.

33. Según el Reglamento CLP, ¿en cuántas clases se agrupan los peligros relacionados con las propiedades fisicoquímicas de los productos?

a) En 2 clases.
b) En 6 clases.
c) En 10 clases.
d) En 16 clases.

34. Los líquidos inflamables son aquellos cuyo punto de inflamación no supera:

a) 60 ºC.
b) 80 ºC.
c) 93 ºC.
d) 110 ºC.

35. ¿Cómo se llaman las sustancias que en contacto con otras producen una reacción exotérmica?

a) Pirofóricas.
b) Explosivas.
c) Comburentes.
d) Corrosivas.

36. Las sustancias o mezclas líquidas o sólidas que, aún en pequeñas cantidades, pueden inflamarse al cabo de 5 minutos de entrar en contacto con el aire, se llaman:

a) Sustancias pirofóricas.
b) Sustancias comburentes.
c) Sustancias autorreactivas.
d) Sustancias explosivas.

37. Los peligros para la salud se hallan divididos, según el Reglamento CLP, en:

a) 20 clases y 35 categorías.
b) 2 clases y 5 categorías.
c) 10 clases y 25 categorías.
d) 16 clases y 45 categorías.

38. No se considera toxicidad aguda cuando los efectos adversos se manifiestan:

a) Tras la administración por vía oral de una sola dosis de una sustancia o mezcla.
b) Tras dosis múltiples administradas a lo largo de 24 horas.
c) Como consecuencia de una exposición por inhalación durante 4 horas.
d) Tras la administración por vía cutánea de entre 10 a 20 dosis de una sustancia o mezcla.

39. Se clasifican como irritantes oculares las sustancias que, como consecuencia de su aplicación en la superficie anterior del ojo, producen alteraciones oculares totalmente reversibles en:

a) Las 4 horas siguientes a la aplicación.
b) Las 24 horas siguientes a la aplicación.
c) Los 10 días siguientes a la aplicación.
d) Los 21 días siguientes a la aplicación.

40. En el etiquetado de un producto de limpieza, las palabras que indican el nivel relativo de gravedad de los peligros para alertar al consumidor de la existencia de un peligro potencial, se denominan:

a) Palabras de advertencia.
b) Consejos de prudencia.
c) Pictogramas.
d) Frases R.

41. ¿Cuál de las siguientes es una palabra de advertencia asociada a las categorías menos graves, según el Reglamento CLP?

a) Cuidado.
b) Ojo.
c) Atención.
d) Prudencia.

42. ¿De qué advierte el pictograma de la figura en una etiqueta de un producto de limpieza?

a) Sustancia inflamable.
b) Sustancia comburente.
c) Sustancia corrosiva.
d) Sustancia explosiva.

43. Al utilizar un producto químico con el siguiente pictograma, hay que recordar que se trata de una sustancia:

a) Corrosiva.
b) Dañina para el medio ambiente.
c) Tóxica.
d) Gas bajo presión.

44. Las frases de riesgo, R, de las etiquetas de los productos químicos han sido sustituidos en el nuevo Reglamento CLP por:

a) Las frases H, indicaciones de peligro.
b) Los consejos de prudencia, P.

c) Las palabras de advertencia.
d) Los pictogramas.

45. Las frases EUH en la etiqueta de un producto, contienen:

a) Indicaciones de peligro para la salud humana.
b) Consejos de prudencia.
c) Frases de advertencia.
d) Información suplementaria sobre los peligros.

46. Los nuevos consejos de prudencia en las etiquetas de los productos, equivalen a las anteriores:

a) Indicaciones de peligro.
b) Frases S.
c) Frases R.
d) Palabras de peligro.

47. El etiquetado de aquellos detergentes que resulten clasificados como productos peligrosos:

a) Deberá cumplir el Reglamento sobre clasificación, envasado y etiquetado de preparados peligrosos vigente.
b) Bastará con cumplir sólo el etiquetado de la Reglamentación técnico-sanitaria para la elaboración, circulación y comercio de detergentes y limpiadores.
c) No está sujeta a obligaciones de etiquetado.
d) La etiqueta deberá ser de color naranja.

48. En el caso de que un producto limpiador sea considerado como producto peligroso, actualmente el fabricante debe incluir en su etiquetado un pictograma de peligro que será:

a) Cuadrado y apoyado sobre un lado.
b) Cuadrado y apoyado sobre un vértice.
c) Redondo.
d) Rectangular apoyado sobre el lado mayor.

49. En la tabla de almacenamiento con sus respectivos iconos, el signo "0" entre productos nos indica:

a) Puede almacenarse junto.
b) No debe almacenarse junto.
c) Solamente podrán almacenarse juntos, adoptando ciertas medidas.
d) Debe estar siempre vacío.

50. ¿Qué es falso del almacenamiento de los productos de limpieza?

a) Se debe utilizar en las zonas bajas de las estanterías los productos más voluminosos y los más utilizados.
b) Almacenar las sustancias peligrosas debidamente separadas.
c) A mayor producto almacenado, menor riesgo.
d) Almacenar las sustancias peligrosas agrupadas por el tipo de riesgo que pueden generar y respetando las incompatibilidades que existen entre ellas

51. Los productos de limpieza pueden:

a) Provocar incendios o explosiones.
b) Emitir gases peligrosos.
c) Son ciertas las respuestas a) y b).
d) Generalmente son inocuos, y no debe existir precauciones en su almacenamiento.

52. ¿Qué cantidades de productos químicos de limpieza se guardarán en los lugares de trabajo?

a) Suficientes para un mes de trabajo.
b) Suficientes para una semana de trabajo.
c) Las que sean estrictamente necesarias para el desarrollo de la actividad diaria.
d) No es necesario tener controles estrictos de cantidades de productos químicos de limpieza.

53. ¿Cómo deben almacenarse las sustancias peligrosas empleadas en la limpieza?

a) Separadas y obviando las incompatibilidades que existen entre ellas.
b) Agrupadas por diferentes tipos de riesgo.
c) Obviando las incompatibilidades que existen entre ellas.
d) Separadas, agrupadas por el tipo de riesgo que pueden generar y respetando las incompatibilidades que existen entre ellas.

54. ¿Qué productos de estos pueden estar cerca unos de otros ya que no son reactivos entre sí?

a) La lejía y el salfumán.
b) La lejía y el amoníaco.
c) La lejía, el salfumán, el amoníaco.
d) Todos son reactivos entre sí, y no pueden acercarse unos con otros.

55. Todo lo que se dice de las recomendaciones de almacenaje de productos químicos empleados en limpieza es cierto, excepto:

a) Elegir el recipiente adecuado para guardar cada tipo de sustancia química.
b) Guardar los líquidos peligrosos en recipientes abiertos.

c) Tener en cuenta que el frío y el calor deterioran el plástico, por lo que este tipo de envases que contenga productos químicos de limpieza deben ser revisados con frecuencia.

d) Todos los envases que contenga productos químicos de limpieza deben tener su correspondiente etiqueta.

56. ¿Qué productos químicos se sitúan en las zonas más bajas de las estanterías?

a) Los productos más voluminosos y los menos utilizados.
b) Los productos más voluminosos y los más utilizados.
c) Los productos menos voluminosos y los menos utilizados.
d) Los productos menos voluminosos y los más utilizados.

57. La cristalización:

a) Es el tratamiento idóneo para piedras porosas y calcáreas.
b) Se aplica con fregona industrial.
c) Se aplica con máquina de chorro de arena.
d) Son correctas las respuestas a) y c).

58. ¿Con que tipo de mopa se aplicará las emulsiones?

a) La mopa deberá ser de algodón usado.
b) Con los flecos abiertos.
c) Con mopa de fibra metálica.
d) Las opciones a) y b) son correctas.

59. Las emulsiones:

a) Se deben aplicar en capas finas.
b) Hay que aplicar al menos dos capas.
c) Se puede pasar por ellas máquina de alta velocidad.
d) Todas son correctas.

60. Para cristalizar:

a) Utilizaremos productos que contengan fluosilicatos.
b) Sólo aplicaremos fluosilicatos con ceras.
c) Se cristaliza con decapantes.
d) Ninguna es correcta.

61. La primera capa de aplicación de emulsiones de suelos:

a) Se apartará medio palmo del zócalo.
b) Se apartará un palmo del zócalo.
c) Se apartará un palmo y medio del zócalo.
d) Cubrirá toda la superficie del suelo.

62. Los suelos de linóleo:

a) Son suelos duros.
b) Son suelos sensibles a los productos alcalinos.
c) Son suelos porosos.
d) Son correctas las respuestas b) y c).

63. El granito:

a) Es un suelo duro.
b) No es poroso.
c) No cristaliza.
d) Todas son correctas.

64. Los suelos de goma:

a) Se pueden tratar con emulsiones.
b) Son suelos blandos.
c) Su mejor mantenimiento es con máquinas de alta velocidad (método spray).
d) Todas son correctas.

65. La madera y el corcho:

a) Se deberán fregar a diario con agua y detergente neutro.
b) Lo que más les daña es el agua.
c) Se deberán cristalizar.
d) Son suelos no porosos.

66. Las alfombras y textiles:

a) Son suelos porosos en tres dimensiones.
b) Lo que más les daña es el polvo.
c) Se deben aspirar a diario.
d) Todas son correctas.

67. El sistema de limpieza de suelos que simplifica su mantenimiento y que es el más económico se denomina:

a) Abrillantado.
b) Spray.
c) Encerado.
d) Cristalizado.

68. ¿Que determina el grado de agresividad de un disco abrasivo?

a) Su color.
b) Su densidad.
c) Su tamaño.
d) Ninguna de las respuestas anteriores es correcta.

69. Los discos abrasivos tienen la misión de:

a) Extender el producto.
b) Ayudar a la acción química del producto mediante una acción mecánica.
c) Recuperar la suciedad disuelta y abrillantar.
d) Todas las respuestas son correctas.

70. Para la aplicación del Método Spray se debe utilizar:

a) Detergente.
b) Solvente.
c) Cera.
d) Todo ello, emulsionado con agua.

71. ¿Qué tratamiento será más recomendable dar en un suelo de mármol viejo, sin brillo y con arañazos?

a) Primero cristalizado y después encerado.
b) Primero encerado y después diamantado.
c) Primero diamantado y después cristalizado.
d) Primero diamantado y después acuchillado.

72. Señala uno de los inconvenientes que presenta el método de barrido en seco:

a) No permite desempolvar bien por debajo de los muebles y muchas veces fija el polvo y los residuos en los zócalos.
b) La forma en la que debe utilizarse la escoba convencional produce, con el tiempo, dolores de espalda.
c) Es un sistema lento y poco eficaz.
d) Todas las respuestas son correctas.

73. ¿Qué tipo de limpieza se empleará en áreas administrativas?

a) El fregado a máquina.
b) El fregado con un solo cubo solo.
c) El barrido húmedo.
d) El fregado con doble cubo.

74. Señala la respuesta incorrecta respecto al aspirado:

a) Moveremos la boquilla de aspiración hacia adelante y hacia atrás mientras avanzamos en el aspirado.
b) Debemos poner a punto la aspiradora asegurándonos de que aspira correctamente y de que es la adecuada para el tipo de suciedad que debemos aspirar.
c) Aspiraremos en primer lugar las superficies que menos se ensucian y, posteriormente las que más se ensucian (y si es preciso dos o tres veces).
d) Comprobaremos que la bolsa está en buenas condiciones para que la boquilla de aspiración pueda succionar la suciedad correctamente.

75. ¿Qué tipo de suelos son una alfombra o una moqueta?

a) Suelos de cerámica.
b) Suelos textiles.
c) Suelos de linóleo.
d) Suelos termoplásticos.

76. ¿Cuál de los siguientes es un suelo duro?

a) Suelos de cerámica.
b) Suelos vinílicos.
c) Suelos de corcho.
d) Suelos de goma.

77. ¿Qué tipo detergente se emplea en el tratamiento de base con método spray de los suelos de PVC?

a) Alcalino.
b) Ácido.
c) Fuerte.
d) No se emplea detergente.

78. Para cristalizar:

a) Utilizaremos productos que contengan fluosilicatos.
b) Sólo aplicaremos fluosilicatos con ceras.
c) Se cristaliza con decapantes.
d) Ninguna es correcta.

79. ¿Qué tratamiento será más recomendable dar en un suelo de mármol viejo, sin brillo y con arañazos?

a) Primero cristalizado y después encerado.
b) Primero encerado y después diamantado.
c) Primero diamantado y después cristalizado.
d) Primero diamantado y después acuchillado.

80. Para limpieza de superficies verticales disponemos de:

a) Escaleras.
b) Andamios.
c) Plataformas.
d) Todas son correctas.

81. ¿Cómo se eliminan las marcas de gotas de agua del espejo del baño?

a) Con agua y jabón.
b) Con agua solo.

c) Con agua y unas gotas de vinagre.
d) Con lejía.

82. ¿Con que producto se limpian los espejos?

a) Con lejía.
b) Con agua y jabón.
c) Con bicarbonato.
d) Un detergente ácido.

83. ¿Qué utensilio de los siguientes utilizaremos para quitar suciedad pegada a los cristales que es difícil de eliminar?

a) Un cepillo aspirante.
b) Un limpiacristales o rastrillo.
c) Un estropajo.
d) Un rasca-vidrios.

84. Lo primero que tenemos que hacer en el montaje del restrillo para limpiar los cristales es:

a) Dejar entrar los dos dientes del muelle en cualquiera de las dos aberturas de la guía.
b) acoplar el mango en alguno de los lugares de la guía.
c) Apretar el muelle de acero en la parte inferior del mango.
d) Colocar el mango en la parte central de la guía, es la más usada.

85. Qué es un «*Strip*»:

a) Lavavidrios.
b) Máquina fregadora automática.
c) Rascador de vidrios.
d) Sistema de doble cubo para limpieza de suelos.

86. En la limpieza de ventanas grandes, que primer movimiento debemos hacer con el lavavidrios al empaparlo de agua:

a) En zip zap.
b) De arriba abajo.
c) A lo largo.
d) Es indiferente el movimiento.

87. Para dar el último toque a las ventanas grandes:

a) Colocaremos una gamuza en el extremo del tubo, limpiando a lo largo del borde y en los rincones para quitar eventuales gotas de agua.
b) Con el limpiacristales ligeramente inclinado, arrastre el agua horizontalmente hacia el borde derecho.

c) Cuando se aproxime al borde derecho, vigilar la guía del rastrillo hacia la derecha para que el extremo de su goma toque el borde lateral.

d) Después de cada pasada del rastrillo, escurra el limpiacristales suavemente con unos golpecitos sobre la parte aún mojada del cristal.

88. En el sistema de posicionamiento para la limpieza de ventanas se debe tener en cuenta:

a) Pasar de ventana a ventana por fuera del edificio.

b) Parar sobre el borde de la ventana, aunque esté resbaladizo, lleva zapatos de seguridad.

c) Una vez limpia la ventana, desconecte los dos extremos de la correa antes de entrar en el edificio.

d) Mantener los dos extremos de la correa conectados al punto de anclaje mientras se limpia la ventana.

89. En la limpieza de cristales indica que opción es incorrecta:

a) Se usa un rascador de vidrio para las manchas difíciles.

b) Se limpia siempre de derecha a izquierda.

c) Se limpia siempre de arriba abajo.

d) Se debe limpiar el cristal siempre cuando no le esté dando el sol.

90. El sistema de conexión al anclaje se compone de:

a) Dos líneas de trabajo.

b) Una línea de trabajo y una línea de seguridad.

c) Una línea de trabajo y dos líneas de seguridad.

d) Una sola línea de trabajo.

91. Indica cuál no es una parte de la cuerda tipo A de la norma UNE-EN 1891:

a) Alma.

b) Identificación.

c) Cuerpo.

d) Camisa.

92. De que tipo es el dispositivo de regulación de cuerda accionado manualmente que, cuando se engancha a una línea de trabajo, se bloquea bajo la acción de una carga en un sentido y desliza libremente en sentido opuesto:

a) A.

b) B.

c) C.

d) W.

93. ¿En qué posición se colocará el limpiacristales sobre la superficie del cristal para comenzar limpiar?

a) Horizontal.
b) Vertical.
c) Ligeramente inclinado a la derecha.
d) Es indiferente.

94. ¿En qué posición es más habitual colocar el mango del rastrillo limpiacristales?

a) Derecha.
b) Centro.
c) Izquierda.
d) Ligeramente a la derecha o izquierda, para que sea más fácil llegar a las esquinas.

95. Las paredes lavables:

a) Se lavarán con agua y detergente neutro.
b) Se lavarán con agua y detergente ácido.
c) Se deberá eliminar el polvo de las mismas una vez al mes.
d) Todas son correctas.

96. En la limpieza de paredes, el detergente alcalino se usará en proporción:

a) No superior al 1 % para limpieza de paredes con grasa.
b) No superior al 2 % para limpieza de paredes con grasa.
c) No superior al 3 % para limpieza de paredes con grasa.
d) No superior al 2 % para limpieza de paredes sin grasa.

97. Para el mantenimiento de textiles en paredes se usará:

a) Percloroetileno.
b) Amoniaco.
c) Champú para limpieza de textiles.
d) Las opciones a) y c) son correctas.

98. Señala la afirmación incorrecta en relación con el mantenimiento de las paredes de madera:

a) El agua deteriora la madera, por tanto, evitaremos mojarla.
b) Se pulveriza el mop-sec con producto capta-polvo al menos 10 minutos antes de su utilización.
c) Se procede a pasar el mop-sec por la madera para quitar el polvo.
d) Si quedara alguna mancha, se humedecerá una bayeta y se procederá a quitarlas manualmente.

99. ¿Cómo se eliminan las mancha del roce de las suelas de los zapatos en la pared no lavable?

a) Con agua y jabón.
b) Con una cuchilla.
c) Con goma de borrar.
d) Con lejía.

100. ¿Cómo se limpiarán las paredes empapeladas?

a) Se deberá eliminar el polvo de las mismas una vez al mes.
b) Se limpiarán diariamente con agua y jabón.
c) Se lavarán una vez al mes con un producto para textil en seco.
d) No se limpian.

101. ¿Para la limpieza de acero en puertas qué tipo de bayeta utilizaremos?

a) Bayeta suave de limpieza.
b) Bayeta azul.
c) Es indiferente.
d) No se utiliza bayeta.

102. ¿Cuándo se limpiarán los zócalos?

a) Antes de la pared.
b) Después de la pared.
c) Después del suelo.
d) A la vez que el suelo.

103. ¿Con qué se quitan las manchas de la pintura plástica en una pared?

a) Con agua.
b) En seco.
c) Con trementina.
d) Con percloroetileno.

104. Las paredes de pinturas al temple:

a) Se deben limpiar en seco.
b) Se limpian a través de un lavado y lejiado.
c) Se utilizan pulverizadores sin frotar.
d) Solo se limpian con paños secos.

105. Señala la mejor técnica para eliminar manchas en una pared empapelada:

a) Con goma de borrar o con una bola de miga de pan.
b) Con un rascador.

c) Con un cepillo de cerdas duras.
d) Con un cepillo de cerdas semirrígidas.

106. Indique que afirmación es correcta en relación con a la limpieza de paredes pintadas:

a) Para limpiar una pared pintada es indiferente con qué tipo de pintura se han pintado.
b) Debe lavarse sin haber retirado previamente el polvo para una mayor higiene.
c) Tras el fregado de la pared debe secarse con una trapo seco.
d) No debe enjuagarse más de una vez la esponja o bayeta que se utilice.

107. ¿Cuál de los siguientes tipos de paredes requieren para su lavado un detergente especial y una espuma especial, respectivamente?

a) Entelada y de pintura.
b) Empapelada y de cerámica.
c) De madera y entelada.
d) De pintura y de madera.

108. ¿Con qué frecuencia se procederá a la limpieza de las superficies próximas a las tomas de aire acondicionado?

a) Diariamente.
b) Semanalmente.
c) Cada quince días.
d) Mensualmente.

109. ¿Qué método utilizaría para eliminar manchas de una pared textil?

a) Frotación.
b) Arrastre.
c) Abrasión.
d) Tamponación.

110. ¿Qué utilizaría para limpiar manualmente un techo?

a) Mopa húmeda.
b) Bomba de aspiración.
c) Hidrolimpiadora.
d) Plumero.

111. ¿Con qué se limpiaría el sistema de detección de alarmas?

a) Con agua y jabón.
b) Con aire a presión.

c) Con desinfectante.
d) Con plumero.

112. ¿Qué orden de limpieza es correcto?

a) Techo, pared, suelo.
b) Techo, suelo, pared.
c) Pared, techo, suelo.
d) Suelo, pared, techo.

113. La eliminación de polvo en mobiliario:

a) Se realizará empezando por los más altos y trabajando de arriba hacia abajo.
b) Se utilizará bayeta con producto capta-polvo.
c) No es importante el método de trabajo.
d) Son correctas la a) y la b).

114. Las sillas tapizadas:

a) Se deberán aspirar.
b) Se limpiarán con bayeta y producto capta-polvo.
c) Se quitarán las manchas con espuma seca.
d) Son correctas la a) y la c).

115. Señala la opción incorrecta con respecto a las características que ha de tener un buen desinfectante:

a) No será inflamable.
b) Será estable en su almacenamiento.
c) De acción eficaz y rápida a temperatura ambiente.
d) Debe ser sensible a las variaciones de pH.

116. La limpieza de las sillas tapizadas se realizará:

a) Diariamente.
b) Cada tres días.
c) Semanalmente.
d) Quincenalmente.

117. ¿Cómo se limpiarán los archivos de oficina?

a) Se limpiarán como el mobiliario lavable.
b) Se limpiarán como el mobiliario no lavable.
c) Se limpiarán diariamente.
d) Todas son correctas.

118. ¿Qué operación es correcta en la limpieza de aseos?

a) Se deberá aplicar después de la limpieza, si es necesario, lejía en una concentración al 2 %.
b) Se deberá aplicar después de la limpieza, si es necesario, peróxido de hidrógeno en una concentración al 2 %.
c) a) Se deberá aplicar después de la limpieza, si es necesario, lejía en una concentración al 12 %.
d) Todas son correctas.

119. De los elementos del cuarto de baño, ¿cuál se limpiará en último lugar?

a) Lavabo.
b) Bidé.
c) Bañera.
d) Inodoro.

120. ¿Para qué sirve la escobilla?

a) Para barrer.
b) Para frotar por dentro el lavabo.
c) Para frotar por dentro el inodoro.
d) Para frotar por dentro y por fuera el inodoro.

121. ¿Qué producto se utilizará para fregar el suelo del baño?

a) Detergente ácido.
b) Jabón.
c) Abrillantador.
d) Detergente-desinfectante.

122. ¿Cuántas veces se limpian los aseos públicos?

a) Una.
b) Diaria.
c) Dos.
d) Cuantas sea necesario en función de la ocupación.

123. ¿Qué es lo primero que se limpia en el aseo?

a) Lavabo.
b) Bidé.
c) Bañera.
d) Inodoro.

124. ¿Qué tipos de aseos públicos podemos encontrar?

a) Para mujeres.
b) Para hombres.

c) Para personas con discapacidad.
d) Todas las respuestas son correctas.

125. ¿A qué altura estará el lavabo en un aseo para personas con discapacidad?

a) 50 cm.
b) 70 cm.
c) 90 cm.
d) 1 m.

126. ¿Cuál de estas características corresponde a un aseo de personas con discapacidad?

a) Lavabo a altura de 90 cm., sin pie ni mueble, que permita el acercamiento y uso con silla de ruedas.
b) Grifos de accionamiento por giro.
c) Barras de apoyo a altura adecuada ancladas firmemente junto al inodoro.
d) Papel higiénico y accesorios cercanos al suelo.

127. ¿Qué es correcto sobre la limpieza de urinarios?

a) Se realizará de la misma forma que la limpieza de inodoros.
b) Es conveniente que la solución permanezca en el interior del urinario durante unos minutos.
c) Para la suciedad mineral se utilizará detergente ácido y después se tirará de la cadena.
d) Todas las respuestas son correctas.

128. ¿Cómo se realizará la limpieza de cuartos de baños y aseos?

a) En húmedo.
b) Realizando limpieza y desinfección simultáneamente.
c) Se fregará el suelo con el sistema de doble cubo.
d) Todas las respuestas son correctas.

129. ¿Qué característica de las siguientes tendrá un buen desinfectante?

a) Altamente soluble.
b) De olor desagradable.
c) No inocuo para la colectividad.
d) Corrosivo.

130. La limpieza de servicios:

a) Debe ser meticulosa.
b) Requiere el uso de guantes.

c) No es importante.
d) Son correctas la a) y la b).

131. La suciedad grasa o materia orgánica:

a) Es la suciedad diaria.
b) Requiere el uso de solución de detergente neutro.
c) Es así como se llama al sarro y óxido.
d) Son correctas la a) y la b).

132. En limpieza de servicios hay que tener en cuenta:

a) Limpiar de lo menos sucio a lo más sucio para evitar contaminaciones.
b) Utilizar muchos productos.
c) Preocuparse únicamente del suelo.
d) Ninguna es correcta.

133. En los servicios se debe:

a) Reponer el papel higiénico, jabón, toallas,...
b) Vaciar papeleras.
c) Dejar correr el agua de los urinarios...
d) Todas son correctas.

134. El detergente ácido:

a) Se empleará para quitar la suciedad de diario.
b) Sólo sirve para eliminar el óxido, sarro, cal,...
c) Se utilizará después de haber limpiado.
d) Son correctas la b) y la c).

135. En la limpieza de los servicios debemos tener en cuenta que hay dos tipos de suciedades, que son:

a) La grasa y la inorgánica.
b) La grasa y la sólida.
c) La grasa y la mineral.
d) Ninguna de las opciones anteriores es correcta.

136. Indica la opción incorrecta respecto al almacenaje de productos de limpieza:

a) En una misma dependencia o cubeto no podrán almacenarse productos de la misma clase o categoría para la que fue proyectado o de otra de riesgo inferior (siempre que sean compatibles), procurando agrupar aquellos que contengan productos de la misma clase.
b) Aunque dos productos químicos tengan el mismo pictograma según el Reglamento CLP, no significa que el almacenamiento conjunto de los mismos sea necesariamente seguro, ya que un mismo pictograma puede representar distintas clases de peligro incompatibles entre sí.

c) No podrán estar en el mismo cubeto recipientes con productos que puedan producir reacciones peligrosas entre sí o que sean incompatibles con los materiales de construcción de otros recipientes,

tanto por sus características químicas como por sus condiciones físicas.

d) No estará permitido el almacenamiento conjunto de productos que requieran agentes extintores incompatibles con alguno de ellos.

137. Indica la opción incorrecta respecto al almacenaje de productos de limpieza:

a) En una misma dependencia o cubeto sólo podrán almacenarse productos de la misma clase o categoría para la que fue proyectado o de otra de riesgo inferior (siempre que sean compatibles), procurando agrupar aquellos que contengan productos de la misma clase.

b) Si dos productos químicos tienen el mismo pictograma según el Reglamento CLP, significa que el almacenamiento conjunto de los mismos es seguro, aunque un mismo pictograma puede representar distintas clases de peligro.

c) No podrán estar en el mismo cubeto recipientes con productos que puedan producir reacciones peligrosas entre sí o que sean incompatibles con los materiales de construcción de otros recipientes,

tanto por sus características químicas como por sus condiciones físicas.

d) En caso de que un producto presente varias clases de peligro, será almacenado en el almacenamiento que cumpla los requisitos técnicos más restrictivos siempre y cuando no se oponga a lo establecido en ninguna ITC o norma técnica de aplicación, ni a las indicaciones de la FDS; y valorando además el riesgo en términos de probabilidad de que se produzca un siniestro y consecuencias del mismo.

138. Para la seguridad en la limpieza de cristales y paramentos verticales en altura o de difícil acceso no está aconsejado:

a) Curarse todas las heridas.
b) Pasar de ventana a ventana cuando se trabaje en el exterior.
c) Ayudar a mantener el orden y la limpieza.
d) Sujetar las herramientas para evitar su caída al vacío.

Solución al test n.º 2

1. d) El glutaraldehído.

2. c) Los detergentes aniónicos.

3. b) Los detergentes anfóteros.

4. a) Son productos de gran eficacia, pero de elevado poder corrosivo.

5. d) Está comprendido entre 6 y 8.

6. d) Todas las respuestas son correctas.

7. c) Sanitizante.

8. b) Es estable aunque tiene poco efecto remanente y se inactiva muy fácilmente en presencia de materia orgánica.

9. b) 1:10 (9 litros de agua y 1 de lejía).

10. d) Son activos frente a hongos y bacterias Gram (+) y menos frente a las Gram (-).

11. c) 70 %.

12. c) Los alcoholes se inactivan en presencia de materia orgánica.

13. b) Es recomendable para la limpieza y desinfección de todo tipo de superficies.

14. d) Los limpiamuebles se deben aplicar en la bayeta inmediatamente antes de su uso y, a ser posible, sobre mobiliario no lavable.

15. a) Los detergentes no iónicos.

16. c) Detergentes ácidos.

17. a) Los detergentes neutros.

18. d) Tienen consideración de medicamentos los antisépticos para piel sana, incluidos los destinados al campo quirúrgico preoperatorio y los destinados a la desinfección del punto de inyección.

19. a) La dilución se preparará días antes de su utilización para mayor eficacia y preferentemente en lugares ventilados.

20. d) Todas las respuestas son correctas.

21. b) El formaldehído.

22. c) H.

23. a) Ficha de datos de seguridad.

24. d) Todas las respuestas son correctas.

25. a) Físicos.

26. b) Carcinogénica.

27. a) Peligroso para el medio ambiente.

28. d) Un símbolo negro sobre un fondo blanco, con un marco rojo lo suficientemente ancho para ser claramente visible.

29. d) Todas las respuestas son correctas.

30. b) Ficha de Datos de Seguridad.

31. a) Los materiales que constituyen los envases y sus cierres han de ser fácilmente solubles en el contenido para no entrar en reacción con él.

32. d) Peligros contagiables.

33. d) En 16 clases.

34. a) 60 ºC.

35. c) Comburentes.

36. a) Sustancias pirofóricas.

37. c) 10 clases y 25 categorías.

38. d) Tras la administración por vía cutánea de entre 10 a 20 dosis de una sustancia o mezcla.

39. d) Los 21 días siguientes a la aplicación.

40. a) Palabras de advertencia.

41. c) Atención.

42. d) Sustancia explosiva.

43. a) Corrosiva.

44. a) Las frases H, indicaciones de peligro.

45. d) Información suplementaria sobre los peligros.

46. b) Frases S.

47. a) Deberá cumplir el Reglamento sobre clasificación, envasado y etiquetado de preparados peligrosos vigente.

48. b) Cuadrado y apoyado sobre un vértice.

49. c) Solamente podrán almacenarse juntos, adoptando ciertas medidas.

50. c) A mayor producto almacenado, menor riesgo.

51. c) Son ciertas las respuestas a) y b).

52. c) Las que sean estrictamente necesarias para el desarrollo de la actividad diaria.

53. d) Separadas, agrupadas por el tipo de riesgo que pueden generar y respetando las incompatibilidades que existen entre ellas.

54. d) Todos son reactivos entre sí, y no pueden acercarse unos con otros.

55. b) Guardar los líquidos peligrosos en recipientes abiertos.

56. b) Los productos más voluminosos y los más utilizados.

57. a) Es el tratamiento idóneo para piedras porosas y calcáreas.

58. d) Las opciones a) y b) son correctas.

59. d) Todas son correctas.

60. a) Utilizaremos productos que contengan fluosilicatos.

61. b) Se apartará un palmo del zócalo.

62. b) Son suelos sensibles a los productos alcalinos.

63. d) Todas son correctas.

64. d) Todas son correctas.

65. b) Lo que más les daña es el agua.

66. b) Lo que más les daña es el polvo.

67. b) Spray.

68. a) Su color.

69. d) Todas las respuestas son correctas.

70. d) Todo ello, emulsionado con agua.

71. c) Primero diamantado y después cristalizado.

72. d) Todas las respuestas son correctas.

73. b) El fregado con un solo cubo solo.

74. c) Aspiraremos en primer lugar las superficies que menos se ensucian y, posteriormente las que más se ensucian (y si es preciso dos o tres veces).

75. b) Suelos textiles.

76. a) Suelos de cerámica.

77. a) Alcalino.

78. a) Utilizaremos productos que contengan fluosilicatos.

79. c) Primero diamantado y después cristalizado.

80. d) Todas son correctas.

81. c) Con agua y unas gotas de vinagre.

82. b) Con agua y jabón.

83. d) Un rasca-vidrios.

84. c) Apretar el muelle de acero en la parte inferior del mango.

85. a) Lavavidrios.

86. c) A lo largo.

87. a) Colocaremos una gamuza en el extremo del tubo, limpiando a lo largo del borde y en los rincones para quitar eventuales gotas de agua.

88. d) mantener los dos extremos de la correa conectados al punto de anclaje mientras se limpia la ventana.

89. b) Se limpia siempre de derecha a izquierda.

90. b) Una línea de trabajo y una línea de seguridad.

91. c) Cuerpo.

92. b) B.

93. c) Ligeramente inclinado a la derecha.

94. b) Centro.

95. a) Se lavarán con agua y detergente neutro.

96. b) No superior al 2 % para limpieza de paredes con grasa.

97. d) Las opciones a) y c) son correctas.

98. b) Se pulveriza el mop-sec con producto capta-polvo al menos 10 minutos antes de su utilización.

99. c) Con goma de borrar.

100. a) Se deberá eliminar el polvo de las mismas una vez al mes.

101. a) Bayeta suave de limpieza.

102. b) Después de la pared.

103. a) Con agua.

104. a) Se deben limpiar en seco.

105. a) Con goma de borrar o con una bola de miga de pan.

106. c) Tras el fregado de la pared debe secarse con una trapo seco.

107. c) De madera y entelada.

108. b) Semanalmente.

109. d) Tamponación.

110. a) Mopa húmeda.

111. b) Con aire a presión.

112. a) Techo, pared, suelo.

113. d) Son correctas la a) y la b).

114. d) Son correctas la a) y la c).

115. d) Debe ser sensible a las variaciones de pH.

116. d) Quincenalmente.

117. a) Se limpiarán como el mobiliario lavable.

118. a) Se deberá aplicar después de la limpieza, si es necesario, lejía en una concentración al 2 %.

119. d) Inodoro.

120. c) Para frotar por dentro el inodoro.

121. d) Detergente-desinfectante.

122. d) Cuantas sea necesario en función de la ocupación.

123. a) Lavabo.

124. d) Todas las respuestas son correctas.

125. b) 70 cm.

126. c) Barras de apoyo a altura adecuada ancladas firmemente junto al inodoro.

127. d) Todas las respuestas son correctas.

128. d) Todas las respuestas son correctas.

129. a) Altamente soluble.

130. d) Son correctas la a) y la b).

131. d) Son correctas la a) y la b).

132. a) Limpiar de lo menos sucio a lo más sucio para evitar contaminaciones.

133. d) Todas son correctas.

134. d) Son correctas la b) y la c).

135. c) La grasa y la mineral.

136. a) En una misma dependencia o cubeto no podrán almacenarse productos de la misma clase o categoría para la que fue proyectado o de otra de riesgo inferior (siempre que sean compatibles), procurando agrupar aquellos que contengan productos de la misma clase.

137. b) Si dos productos químicos tienen el mismo pictograma según el Reglamento CLP, significa que el almacenamiento conjunto de los mismos es seguro, aunque un mismo pictograma puede representar distintas clases de peligro.

138. b) Pasar de ventana a ventana cuando se trabaje en el exterior.

TEST N.º 3

El área de la cocina y su limpieza

1. En una Unidad de Cocina habrá lavamanos suficientes que faciliten el lavado higiénico de manos, ¿cuál debería ser su sistema de accionamiento preferentemente?

a) Manual.
b) Por pedal.
c) Electrónico.
d) Mecánico.

2. En las zonas de trabajo de las unidades de cocina, indique cuál de las siguientes acciones es CORRECTA:

a) Utilizar tablas de cocina diferentes para cortar carne, pescado o verduras.
b) Utilizar un cuchillo de cortar pescado crudo para laminar un tomate.
c) Cortar verduras en la tabla de carne.
d) Depositar los residuos junto a la zona de cocción.

3. ¿Cómo se denomina al sistema de organización que obliga a que todas las tareas realizadas en la Unidad de Cocina se hagan por orden, en un sentido de avance a través de las distintas zonas de trabajo, y siguiendo siempre los caminos más cortos posibles?

a) Camino corto.
b) Marcha adelante.
c) Marcha atrás.
d) Circuito adelante.

4. ¿Cuál de los siguientes principios de limpieza es erróneo?

a) Limpiar desde arriba hacia abajo.
b) Limpiar desde dentro hacia fuera.
c) Limpiar desde la zona más sucia a la zona más limpia.
d) Limpiar desde la zona más limpia a la zona más contaminada.

5. Para determinar la frecuencia con la que se debe limpiar, las personas responsables del plan de limpieza y desinfección tendrán en cuenta determinados factores como:

a) Tipos de alimentos (de bajo o alto riesgo) que se elaboren, almacenen o desechen.
b) Tipo de suciedad.
c) Historial de los registros de verificación del Plan de limpieza.
d) Todas las respuestas anteriores son correctas.

6. En relación con la frecuencia de limpieza en las unidades de cocina, se limpiarán diariamente:

a) Todos los útiles empleados que hayan tenido contacto con los alimentos.
b) Todos los útiles, aunque no se utilicen diariamente.
c) Los suelos y paredes que se ensucien.
d) Los cubos de basura o contenedores de desechos.

7. La ropa de trabajo de las unidades de cocina se lavará en máquinas automáticas a temperatura superior a:

a) 30º C.
b) 40º C.
c) 60º C.
d) 80º C.

8. La cubertería, vajilla y cristalería, así como aquellos útiles de cocina que lo permitan, se limpiarán en lavavajillas automáticos con capacidad de aplicar agua a temperatura superior a:

a) 30º C.
b) 40º C.
c) 60º C.
d) 80º C.

9. ¿Se pueden mezclar en un mismo lavado útiles que provengan de plantas con los útiles de las cocinas?

a) Sí, para ser eficientes.
b) Sí, para ahorrar agua.
c) No, nunca.
d) Únicamente en situaciones de emergencia.

10. De los posibles métodos de vigilancia de limpieza, indique cuál no se recomienda su utilización ya que no facilita la toma inmediata de acciones correctoras:

a) Toma de muestras para análisis microbiológicos.
b) Métodos de detección de proteínas y/o ATP.
c) Comprobación de pH de agua de aclarados.
d) Inspección visual.

11. ¿Cuál de los siguientes componentes NO se considera un mobiliario lavable?

a) Formica.
b) Granitos.
c) Teka.
d) Cristales.

12. ¿Cómo se deben mover los objetos que se hallan encima de los muebles a fin de limpiar el polvo que esté debajo?

a) Los objetos pesados y los ligeros se levantarán y se dejarán nuevamente en su sitio una vez que se haya limpiado.
b) Los objetos pesados y los ligeros se moverán deslizándolos.
c) Los objetos que se hallen encima de los muebles no se deben mover.
d) Los objetos pesados se moverán deslizándolos.

13. Las operaciones de limpieza de vajilla requerirán tres tiempos. Indique cuál de los siguientes es INCORRECTO:

a) Lavado con agua fría y caliente que contenga detergente.
b) El lavado con agua caliente tendrá una temperatura de 40ºC como mínimo.
c) Aclarado con agua caliente a temperatura de 82ºC como mínimo.
d) Tratamiento germicida. Este podrá ser por calor u otros medios esterilizantes.

14. ¿Para qué se utiliza la sal en los lavavajillas?

a) Para eliminar la grasa.
b) Para impedir, después del lavado, la formación de gotas de agua en la vajilla, así como la de dar un mayor brillo a su superficie.
c) Para eliminar restos de comida que quedaron en los utensilios.
d) Para que funcione óptimamente el sistema de descalcificación del agua.

15. ¿Qué utensilio de trabajo sólo requiere un buen secado y abrillantado?

a) Las cámaras frigoríficas.
b) Las cafeteras.
c) La picadora de hielo.
d) La plancha.

16. El material del suelo de las cocinas no debe ser:

a) Absorbente.
b) Permeable.
c) Lavable.
d) No tóxico.

17. Sistema de organización que obliga a que todas las tareas realizadas en la Unidad de Cocina se hagan por orden, en un sentido de avance a través de las distintas zonas de trabajo, y siguiendo siempre los caminos más cortos posibles:

a) Sistema de circuito corto.
b) Marcha atrás.
c) Marcha adelante.
d) Sistema de separación en zonas de trabajo.

18. Un programa de seguridad alimentaria incluye:

a) Trazabilidad de los alimentos.
b) Buenas prácticas en la manipulación de alimentos.
c) Formación de los manipuladores.
d) Todas son correctas.

19. Un programa de higiene de cocinas incluye:

a) Trazabilidad de los alimentos.
b) Buenas prácticas en la manipulación de alimentos.
c) Control de plagas.
d) Todas son correctas.

20. Los cubos de basura o contenedores de desechos, situados en las cocinas además de estar tapados en todo momento, deberán limpiarse y desinfectarse como mínimo:

a) Una vez a la semana a fondo.
b) Quincenalmente.
c) Todos los días.
d) Ninguna es correcta.

21. Indica la opción incorrecta. En la evaluación del programa de limpieza y vigilancia se aplicarán sistemas de vigilancia como:

a) Inspección auditiva y táctil.
b) Comprobación de pH de agua de aclarados.
c) Métodos de detección de proteínas y/o ATP.
d) Toma de muestra para análisis microbiológicos.

22. Es mobiliario no lavable:

a) La formica.
b) El granito.
c) Los Cristales.
d) Las maderas exóticas.

23. El mobiliario no lavable:

a) No se limpieza.
b) Se limpia con agua, detergente neutro y bayeta seca.
c) Se limpia con bayeta de polvo impregnada, a ser posible, con aplicación de producto capta-polvo.
d) Se limpiarán con plumero exclusivamente.

24. Las tuberías de desagüe del sistema de fontanería en una cocina serán de:

a) Plomo.
b) Cobre.
c) PVC.
d) Aluminio.

25. Para el fregado a mano de utensilios de cocina se utilizarán:

a) Una pila con agua fría.
b) Una pila con agua caliente (40-45 ºC) y jabón.
c) Dos pilas. La segunda para el aclarado con agua fría.
d) Dos pilas: la primera con agua caliente (40-45 ºC) y jabón y la segunda con agua caliente (80 ºC) para el aclarado y desinfección.

26. Indica la opción incorrecta. En la limpieza de las marmitas y rustideras tendremos presente:

a) Su fregado y limpiado cada vez que se haya utilizado.
b) El uso de agua en la limpieza, sin detergente antigrasa.
c) El uso de agua abundante y clara para el enjuague.
d) No olvidar el secado posterior al aclarado.

Solución al test n.º 3

1. b) Por pedal.

2. a) Utilizar tablas de cocina diferentes para cortar carne, pescado o verduras.

3. b) Marcha adelante.

4. c) Limpiar desde la zona más sucia a la zona más limpia.

5. d) Todas las respuestas anteriores son correctas.

6. b) Todos los útiles, aunque no se utilicen diariamente.

7. d) 80º C.

8. d) 80º C.

9. c) No, nunca.

10. a) Toma de muestras para análisis microbiológicos.

11. c) Teka.

12. d) Los objetos pesados se moverán deslizándolos.

13. b) El lavado con agua caliente tendrá una temperatura de 40ºC como mínimo.

14. d) Para que funcione óptimamente el sistema de descalcificación del agua.

15. c) La picadora de hielo.

16. b) Permeable.

17. c) Marcha adelante.

18. d) Todas son correctas.

19. c) Control de plagas.

20. c) Todos los días.

21. a) Inspección auditiva y táctil.

22. d) Las maderas exóticas.

23. c) Se limpia con bayeta de polvo impregnada, a ser posible, con aplicación de producto capta-polvo.

24. c) PVC.

25. d) Dos pilas: la primera con agua caliente (40-45 ºC) y jabón y la segunda con agua caliente (80 ºC) para el aclarado y desinfección.

26. b) El uso de agua en la limpieza, sin detergente antigrasa.

Normativas sanitarias de aplicación en las cocinas colectivas

1. ¿Qué define la OMS como "el conjunto de medidas necesarias para asegurar la salubridad, inocuidad y buen estado de los productos destinados a la alimentación, en todas las etapas de su preparación"?

a) Alimentación.
b) Nutrición.
c) Higiene alimentaria.
d) Sostenibilidad nutritiva.

2. ¿Dónde se puede producir la contaminación de un alimento? Se puede producir en…

a) La distribución.
b) La conservación.
c) La elaboración.
d) Se puede producir en cualquiera de las etapas.

3. ¿A qué características o cualidades de los alimentos nos referimos cuando son aquellas propias del alimento, que podemos percibir con los distintos sentidos?

a) Nutritivas.
b) Organolépticas.
c) Mecánicas.
d) Microbiológica.

4. ¿Por qué característica es mas fácil el rechazo de un alimento que está en mal estado, ya que se percibe? Por las características…

a) Mecánicas.
b) Nutritivas.
c) Organolépticas.
d) Microbiológica.

5. ¿Qué se consigue con certeza si hay un cumplimiento pleno de la higiene alimentaria?

a) Que no se infecte la persona por su mal estado al 100% de certeza.
b) Que no se intoxique la persona por su mal estado al 100% de certeza.
c) Que se minimice el riesgo para la salud al tomarlo.
d) Que no sufra ningún tipo de daño el usuario del alimento.

6. ¿Qué propone la OMS para reducir el riesgo de contaminación del alimento?

a) Una conservación adecuada.
b) Una cocción suficiente.
c) Las diez reglas de oro.
d) Las cinco reglas de oro.

7. ¿Qué alimento es irradiado (radiación ionizante) como medio de tratamiento antes de su comercialización?

a) La leche.
b) Los productos lácteos en general.
c) El pollo u otras carnes.
d) Los tomates.

8. ¿A qué temperatura debe estar al menos el centro de un alimento para tener garantías que se ha realizado una cocción adecuada y hemos destruido los gérmenes patógenos? El centro del producto, alcanza al menos los...

a) 25 ºC.
b) 50 ºC.
c) 70 ºC.
d) 150 ºC.

9. ¿Qué práctica de manipulación de los alimentos consideras incorrecta?

a) Los alimentos se consumirán inmediatamente después de ser cocinados.
b) Los alimentos congelados deben descongelarse al menos parcialmente antes de ser cocinados.
c) Todos los alimentos recalentados apropiadamente que no se consuman se descartarán.
d) Nada de lo anterior es cierto.

10. ¿Entre qué temperaturas crecerán la mayoría de los gérmenes nocivos para el hombre (temperatura óptima)? Oscilará entre...

a) Los 5 y los 10 ºC.
b) Los 15 y los 20 ºC.
c) Los 25 y los 30 ºC.
d) Los 20 y los 40 ºC.

11. ¿A qué temperatura se guardará de manera adecuada un alimento cocinado durante más de 4 o 5 horas si se conserva en caliente? Se guardará por encima de…

a) 25 ºC.
b) 40 ºC.
c) 60 ºC.
d) 75 ºC.

12. ¿A qué temperatura se guardará de manera adecuada un alimento cocinado durante más de 4 o 5 horas si se conserva en frío? Se guardará por debajo de…

a) 0 ºC.
b) 5 ºC.
c) 10 ºC.
d) 25 ºC.

13. ¿Qué normativa regula determinados requisitos en materia de higiene de la producción y comercialización de los productos alimenticios en establecimientos de comercio al por menor?

a) Real Decreto 1021/2022.
b) Real Decreto 1086/2020.
c) Real Decreto 640/2006.
d) Real Decreto 1128/2003.

14. Según la normativa (Real Decreto 1021/2022), las comidas preparadas refrigeradas, si su vida útil es superior a 24 horas, se mantendrán a una temperatura interna igual o inferior a:

a) 0 ºC.
b) 4 ºC.
c) 8 ºC.
d) 10 ºC.

15. ¿Qué tipo de contaminación cruzada es aquella que se da cuando un alimento crudo contaminado entra en contacto con el alimento cocinado?

a) Activa.
b) Pasiva.
c) Directa.
d) Indirecta.

16. ¿En qué circunstancias un manipulador de alimentos no es necesario que deba lavarse apropiadamente las manos?

a) Tras una interrupción para realizar otras tareas.
b) Cuando va al baño a realizar sus necesidades.

c) Antes de empezar a preparar los alimentos.

d) Cuando el alimento cocinado se ha tocado en su procesado.

17. ¿Qué medida de higiene a nivel de aseo personal del manipulador de alimentos es incorrecta en su puesto de trabajo?

a) No debe portar anillos, pulseras u otros elementos que puedan caerse.

b) El calzado debe estar cerrado, y ser impermeable y antideslizante.

c) El pelo debe estar siempre limpio y no es necesario que esté recogido con cubrecabezas o redecillas.

d) Llevará las uñas limpias y bien recortadas.

18. ¿Qué parte anatómica debe cubrir la mascarilla que usará el manipulador de alimentos en su puesto de trabajo en el proceso de envasado o emplatado de alimentos?

a) Boca.

b) Nariz.

c) Boca y nariz.

d) No es necesario que lleve mascarilla.

19. ¿Qué mascarilla protege al portador de la misma frente a microorganismos, evitando su penetración por vía respiratoria?

a) Higiénica.

b) FFP.

c) Quirúrgica.

d) Ninguna de las anteriores.

20. ¿De qué color generalmente deberá ser la ropa del manipulador de alimento?

a) Azul o quirúrgica.

b) Roja o de peligro.

c) Clara.

d) Oscura.

21. ¿Qué normativa española y europea establece las normas generales relativas a la higiene alimentaria, destinadas a los operadores de empresa alimentaria?

a) Reglamento 258/2002.

b) Directiva 64/2006.

c) Reglamento 852/2004.

d) Real Decreto 1128/2003.

22. ¿Qué tipo de productos se entienden que son aquellos de producción primaria, incluidos los de la tierra, ganadería, caza y pesca?

a) No elaborados.

b) Primarios.

c) Elaborados.

d) Secundarios.

23. ¿Quiénes vigilarán el buen estado de salud de los manipuladores, y se asegurarán de que reciben la formación necesaria sobre riesgos sanitarios?

a) Los operadores de empresas alimentarias de producción terciaria.

b) Los operadores de empresas alimentarias de producción secundaria.

c) Los operadores de empresas alimentarias de producción primaria.

d) Los operadores de empresas distribuidoras de cualquier tipo de productos.

24. ¿Dónde no se almacenarán los productos de limpieza y desinfección tal como dicta el reglamento 852/2004 respecto a los locales de productos alimenticios? No se almacenarán...

a) En anexo a vestuarios.

b) En anexo a inodoros.

c) En lugar propio para este fin.

d) En las zonas de manipulación de alimentos.

25. ¿Cómo deben ser los suelos y paredes en las salas en la que se preparen alimentos?

a) De materiales no impermeables.

b) Fáciles de limpiar y desinfectar.

c) De materiales no absorbentes.

d) Son ciertas b) y c).

26. ¿Qué tipo de suministro de aguas tendrán los fregaderos e instalaciones de las salas en la que se preparen alimentos? Suministro de aguas...

a) Estériles.

b) Destiladas.

c) Potables.

d) Ionizada.

27. ¿Sobre quién recae la responsabilidad de la formación de los manipuladores de alimentos?

a) Sobre la empresa auditora.

b) Sobre la empresa en la que trabaja el manipulador.

c) Sobre la autoridad competente en esta materia.

d) Sobre la empresa que se encarga de formar a los manipuladores.

28. ¿Quién deberá establecer auditorías para asegurarse de que se cumplen los objetivos previstos en el Plan Nacional de Control Oficial de la Cadena Alimentaria?

a) La empresa productora.

b) La autoridad competente.

c) El Comité de empresa de los trabajadores.

d) La empresa formadora de los manipuladores.

29. ¿Qué tipo de auditorías pueden establecerse para asegurarse de que se cumplen los objetivos previstos en el Plan Nacional de Control Oficial de la Cadena Alimentaria?

a) Auditorías externas.

b) Auditorías internas.

c) Auditorías internas o externas.

d) No es necesario el establecimiento de auditorías.

30. ¿Cómo puede adquirir una persona competencias profesionales? Mediante…

a) Su experiencia laboral o profesional.

b) La formación necesaria.

c) Son ciertas a) y b).

d) Son inciertas a) y b).

31. ¿A qué conduce el reconocimiento de las competencias de todas las unidades formativas de una cualificación profesional? Conduce a la obtención de…

a) Un título académico de formación profesional.

b) Un módulo de garantía profesional.

c) Un Certificado de Profesionalidad.

d) Un grado académico superior de estudios.

32. ¿En qué formato se podrá realizar la formación de los manipuladores de alimento? Se podrá realizar en formato…

a) Presencial o semipresencial.

b) Presencial o no presencial.

c) Semipresencial o no presencial.

d) Presencial, semipresencial o no presencial.

33. ¿Cómo se acreditará la formación continuada de la realización de actividades formativas para manipuladores de alimentos? Mediante…

a) Un título académico de formación profesional.

b) Un módulo de garantía profesional.

c) Un Certificado de Profesionalidad.

d) Un Certificado expedido por la empresa o por la autoridad sanitaria competente.

34. ¿Cómo se denomina al sujeto qué está en fase latente de una infección o en su período de incubación, no mostrando signos ni síntomas?

a) Enfermo oligosintomático.

b) Portador sano.

c) Portador sensible.
d) Enfermo susceptible.

35. ¿Quién posee la potestad sancionadora en caso de infracción en materia de seguridad alimentaria y nutrición?

a) La Administración Pública competente.
b) La empresa productora.
c) El Sindicato.
d) El Comité destinado a ese fin.

36. ¿Cómo se dividen las infracciones en materia de seguridad alimentaria y nutrición?

a) Directas e indirectas.
b) Activas y pasivas.
c) Leves y graves.
d) Leves, graves y muy graves.

37. ¿Qué tipo de infracción es aquella sanción con una multa de 10.000 euros, en materia de seguridad alimentaria y nutrición? Una infracción…

a) Menos leve.
b) Leve.
c) Grave.
d) Muy grave.

38. ¿Cuál de los siguientes aspectos sobre los requisitos específicos de los establecimientos para colectivos de riesgo es incorrecto?

a) Contarán con un local o zona diferenciada para la limpieza de vajillas y útiles, separados de la zona de manipulación, para evitar contaminaciones y salpicaduras, salvo que tales útiles y vajilla sean de un solo uso.
b) Los locales para vestuarios serán siempre opcionales en estos casos.
c) Contarán con pilas lavamanos en número suficiente para la actividad a realizar, exclusivas para los manipuladores.
d) Nada de lo anterior es cierto.

39. ¿A qué temperaturas deberán funcionar las cámaras de congelación en cocinas centrales de operadores de empresas alimentarias? Garantizarán un funcionamiento entre…

a) 0 a 8 ºC.
b) 0 a (-4) ºC.
c) (-4) a (-15) ºC.
d) 0 a (-25) ºC.

40. ¿Quiénes podrán exigir sistemas de climatización en las salas de manipulación y envasado en aquellos casos en que la preparación de ciertos platos requiera atmósfera con temperaturas inferiores a 25 ºC en cocinas centrales?

a) La empresa auditora.
b) La empresa en la que trabaja el manipulador.
c) La autoridad competente en esta materia.
d) La empresa que se encarga de formar a los manipuladores.

41. Las comidas preparadas congeladas se mantendrán a una temperatura interna igual o inferior a:

a) −25 °C.
b) −18 °C.
c) −10 °C.
d) −4 °C.

42. ¿En qué tiempo una comida preparada en caliente deberá disminuir su temperatura en el centro del mismo de 60 ºC a 10 ºC para hacerlo apropiadamente? Deberá disminuir en menos de…

a) 30 minutos.
b) 2 horas.
c) 8 horas.
d) 12 horas.

43. ¿Cómo se denomina la comida o plato qué representa las diferentes comidas preparadas servidas a las personas consumidoras diariamente y que posibilita la realización de los estudios epidemiológicos que, en su caso, sean necesarios?

a) Plato fantasma.
b) Plato testigo.
c) Plato crucial.
d) Plato ciego.

44. ¿Cómo se conservará el plato testigo en congelación de comida preparada? Se conservará a una temperatura igual o inferior a…

a) −25 °C.
b) −18 °C.
c) −10 °C.
d) −4 °C.

45. ¿Qué tiempo deberá guardarse conservado adecuadamente el plato testigo de comida preparada? Durante un mínimo de…

a) 3 días.
b) 7 días.

c) 15 días.
d) 30 días.

46. ¿Qué ración mínima individual deberá guardarse conservada adecuadamente del plato testigo de comida preparada?

a) 20 g.
b) 50 g.
c) 100 g.
d) 300 g.

47. ¿Qué normativa regula y flexibiliza determinadas condiciones de aplicación de las disposiciones de la Unión Europea en materia de higiene de la producción y comercialización de los productos alimenticios y se regulan actividades excluidas de su ámbito de aplicación?

a) Real Decreto 1128/2003.
b) Real Decreto 1021/2022.
c) Real Decreto 1086/2020.
d) Real Decreto 640/2006.

48. ¿Qué se entiende por autoridad competente en el Real Decreto 1086/2020?

a) El Ministerio de Sanidad y el Ministerio de Consumo.
b) El Ministerio de Sanidad y el Ministerio de Industria.
c) El Ministerio de Consumo y el Ministerio de Agricultura, Pesca y Alimentación.
d) El Ministerio de Sanidad y el Ministerio de Agricultura, Pesca y Alimentación.

49. ¿Qué alimento, de origen agrícola no considera con características tradicionales el Real Decreto 1086/2020?

a) Manzana.
b) Tomate.
c) Mango.
d) Melocotón.

50. ¿Qué nombre recibe el veterinario nombrado, de acuerdo con la legislación vigente sobre espectáculos taurinos, para intervenir en los mismos o el veterinario asignado para la intervención en prácticas de entrenamiento, enseñanza o toreo a puerta cerrada y otros festejos taurinos según el Real Decreto 1086/2020?

a) Veterinario de guardia.
b) Veterinario taurino.
c) Veterinario de servicio.
d) Veterinario titular.

51. ¿Qué Reglamento refuerza la necesidad y obligatoriedad de que las empresas alimentarias apliquen un sistema de autocontrol basado en los principios del Análisis de Peligros y Puntos de Control Crítico (APPCC)?

a) El Reglamento (CE) n.º 852/2000 relativo a la higiene de los alimentos.
b) El Reglamento (CE) n.º 825/2004 relativo a la higiene de los alimentos.
c) El Reglamento (CE) n.º 852/2002 relativo a la higiene de los alimentos.
d) El Reglamento (CE) n.º 852/2004 relativo a la higiene de los alimentos.

52. ¿Qué principio de APPCC se encarga de establecer un sistema de vigilancia para asegurar el control de los PCCs mediante observaciones o pruebas programadas?

a) Principio 1.
b) Principio 2.
c) Principio 3.
d) Principio 4.

53. El sistema APPCC es un sistema de autocontrol para garantizar:

a) La calidad higiénico-preventiva de los alimentos.
b) La calidad higiénico-técnica de los alimentos.
c) La calidad higiénico-sanitaria de los alimentos.
d) Ninguna de las anteriores.

54. El sistema APPCC está basado en la idea de:

a) Corregir.
b) Prevenir.
c) Controlar.
d) Cccc.

55. Tras la limpieza, ¿qué método se utilizará para secar?

a) El aire.
b) Papel desechable.
c) Paños de algodón.
d) Las respuestas a) y b) son correctas.

56. El control organoléptico es:

a) Control basado en la vista.
b) Control basado en el olfato.
c) Control basado en el tacto y gusto.
d) Control basado en los sentidos: vista, olfato, tacto y gusto.

57. ¿A qué principio de un APPCC corresponde: "Identificar los Puntos de Control Críticos (PCC) del proceso "?

a) Principio 1.
b) Principio 2.
c) Principio 3.
d) Principio 4.

58. Indica la respuesta correcta con respecto al diagrama de flujo del sistema APPCC:

a) El diagrama de flujo representa la base del estudio del sistema APPCC.
b) Una vez que se elabore el diagrama, debe ser comprobado "in situ" y demostrado su correspondencia exacta con el proceso.
c) Un error en la confección del diagrama significa una desviación de todo el Sistema HACCP que se apoya en este diagrama de flujo.
d) Todas son correctas.

59. El sistema APPCC se basa en principios que permiten elaborar y mantener un Plan APPCC. ¿De cuántos principios se trata?

a) De cinco.
b) De siete.
c) De seis.
d) De ocho.

60. ¿Cuál de los siguientes no es un principio para mantener un Plan APPCC?

a) Realizar un análisis de peligros.
b) Establecer los límites críticos que deberán alcanzarse para asegurar que el PCC está bajo control.
c) Establecer las acciones correctoras a realizar cuando la vigilancia detecte que un PCC está fuera de control.
d) Establecer un sistema para registrar que el Plan APPCC está funcionando correctamente.

61. ¿A qué principio corresponde: "Etapa en la cual se establecen parámetros, reglas, normas y tolerancias indicativos, denominados también límites críticos, los cuales se requieren para asegurar que los Puntos Críticos (PCC) están bajo control"?

a) Principio 1. Realizar un análisis de peligros.
b) Principio 4. Establecer un sistema de vigilancia para asegurar el control de los PCC mediante observaciones o pruebas programadas.
c) Principio 6. Establecer un sistema para verificar que el Plan APPCC está funcionando correctamente.
d) Principio 3. Establecer los límites críticos que deberán alcanzarse para asegurar que el PCC está bajo control.

62. Un peligro puede entenderse como:

a) Una contaminación inaceptable por las materias anotadas.

b) La supervivencia o multiplicación de microorganismos de interés para la inocuidad del alimento.

c) La producción o persistencia inaceptable de toxinas u otros productos indeseables del metabolismo microbiano.

d) Todas las anteriores son correctas.

63. Señala la respuesta incorrecta. Algunos de los criterios con más frecuencia utilizados como límites críticos son:

a) Tiempo y temperatura.

b) Humedad y reactividad del agua (Aw).

c) Cloro residual disponible y viscosidad.

d) Datos sensoriales y Ph o acidez titulable.

64. Las técnicas en la vigilancia de los APPCC son:

a) La observación y evaluación sensorial.

b) La medición de parámetros físicos y controles químicos.

c) Los análisis microbiológicos.

d) Todas las anteriores son técnicas en la vigilancia de los APPCC.

65. Con el fin de hacer frente a las desviaciones detectadas al no satisfacerse los criterios de control o límites críticos, se deben formular:

a) Medidas correctivas específicas para cada PCC del sistema de APPCC.

b) Actividades correctivas específicas para cada PCC del sistema de APPCC.

c) Evaluaciones correctivas específicas para cada PCC del sistema de APPCC.

d) Ninguna de las anteriores.

66. Las acciones correctivas incluyen:

a) Tres actividades: identificar los productos que se salieron de control; corregir las causas de la pérdida de control y mantener registros de las acciones correctivas y el destino de los productos desviados.

b) Dos actividades: usar los resultados de vigilancia para ajustar el proceso y mantenerlo bajo control; identificar los productos que se salieron de control.

c) Cuatro actividades: usar los resultados del vigilancia para ajustar el proceso y mantenerlo bajo control; identificar los productos que se salieron de control; corregir las causas de la pérdida de control y mantener registros de las acciones correctivas y el destino de los productos desviados.

d) Cinco actividades: usar los resultados del vigilancia para ajustar el proceso y mantenerlo bajo control; identificar los productos que se salieron de control; corregir las causas de la pérdida de control y mantener registros de las acciones correctivas y el destino de los productos desviados, vigilar que se cumpla el plan.

67. Señala la respuesta incorrecta. La Gerencia será la responsable de:

a) Diseñar y ejecutar los sistemas de verificación del plan de autocontrol.

b) Aprobar el Plan APPCC y todas las revisiones que se realicen en el mismo.

c) Conocer, entender, difundir y hacer que el personal a su cargo cumpla con los requerimientos del contenido del Plan APPCC.

d) Nombrar un equipo de elaboración y mantenimiento del Plan APPCC y un coordinador del equipo (equipo APPCC).

68. ¿Cuál es el principio 1 del sistema APPCC?

a) Identificar los Puntos de Control Críticos (PCC) del proceso.

b) Establecer un sistema eficaz de registro de datos que documente el APPCC.

c) Realizar un análisis de peligros.

d) Establecer un sistema de vigilancia para asegurar el control de los PCC mediante observaciones o pruebas programadas.

69. ¿En cuántos principios está basado el sistema APPCC?

a) En 5.

b) En 7.

c) En 11.

d) En 18.

70. ¿Quién será el responsable de aprobar el Plan APPCC y todas las revisiones que se realicen en el mismo, y hacer que se cumpla en el centro, sin delegación a terceros?

a) El Jefe de Servicio de Seguridad e Higiene en el Trabajo.

b) El Gerente del centro.

c) El Jefe de Servicio de Medicina Preventiva.

d) El Jefe de Servicio de Hostelería.

71. El sistema de APPCC tiene como objetivo:

a) Establecer un plan de emergencia para el caso de incendio.

b) Identificar, valorar y controlar los peligros sanitarios e higiénicos asociados al conjunto y a cada una de las fases de la cadena alimentaria.

c) Analizar las pautas de comportamiento de los trabajadores.

d) Ninguna de las anteriores respuestas es la correcta.

72. El sistema de APPCC está basado en:

a) Dos principios.

b) Tres principios.

c) Seis principios.

d) Siete principios.

73. La verificación del sistema de APPCC debe realizarse:

a) Periódicamente, con el fin de asegurar que los puntos de control crítico están bajo control.
b) Cuando existan dudas de la seguridad del producto.
c) Cuando se hagan modificaciones en el Plan APPCC.
d) Todas las respuestas son correctas.

74. Es, entre otras, función del coordinador del equipo de implantación del sistema de APPCC:

a) La organización de las reuniones.
b) La elaboración de menús.
c) El registro de las decisiones del equipo.
d) Las opciones a) y c) son correctas.

75. El establecimiento de un sistema de registro o documentación de los planes relativos a los sistemas de APPCC, permite:

a) Mostrar las incidencias ocurridas, la toma de decisiones y comprobar si el sistema está funcionado con eficacia.
b) Comprobar la salubridad de los alimentos.
c) Determinar quién realiza la vigilancia del sistema.
d) No es uno de los principios en los que se basa el sistema de APPCC.

76. En una cocina de una residencia se desarrolla el Plan de APPCC; ¿qué significado tiene APPCC?

a) Análisis de productos.
b) No es cierto que las cocinas tengan un plan de ese tipo.
c) Análisis de Peligros y Puntos de Control Críticos.
d) Ninguna es correcta.

77. Al realizar un análisis de peligros, deberán incluirse una serie de factores entre los que se encuentra:

a) La probabilidad de que surjan peligros y la gravedad de sus efectos en relación con la salud.
b) La evaluación cualitativa y/o cuantitativa de la presencia de peligros.
c) La supervivencia o proliferación de los microorganismos involucrados (si los hubiera).
d) Todas son correctas.

78. ¿Qué es el Equipo APPCC?

a) Equipo multidisciplinar de personas responsables de la elaboración del Plan APPCC.
b) Equipo de pinches que elaboran el Plan APPCC.
c) Equipo de cocineros que elaborar el Plan APPCC.
d) Equipo multidisciplinar que exclusivamente controla el Plan APPCC.

79. ¿Se puede aplicar un plan APPCC en cualquier cocina?

a) Sí.
b) Sólo si tienen condiciones estructurales adecuadas.
c) Sólo si disponen de plan de formación para manipuladores y programa de limpieza.
d) Para implantarlo debe cumplir los requisitos expresados en las respuestas b) y c).

80. ¿Qué objetivo tiene la vigilancia en el sistema APPCC?

a) Detectar los puntos de control crítico.
b) Establecer límites críticos.
c) Asegurar el control de los puntos de control crítico.
d) Todas las respuestas son correctas.

81. Se denomina manipulador de alimentos toda persona que por su actividad laboral tiene contacto directo con los alimentos durante su:

a) Distribución.
b) Suministro.
c) Elaboración.
d) Todas son correctas.

82. Se denomina manipulador de alimentos toda persona que por su actividad laboral tiene contacto directo con los alimentos durante su:

a) Transporte.
b) Venta.
c) Envasado.
d) Todas son correctas.

83. ¿Qué color de tabla será el más habitual destinar para el manipulado de pescados y mariscos?

a) Azul.
b) Rojo.
c) Amarillo.
d) Verde.

84. ¿Qué color de tabla será el más habitual destinar para el manipulado de cordero?

a) Azul.
b) Rojo.
c) Amarillo.
d) Verde.

85. ¿Qué color de tabla será el más habitual destinar para el manipulado de fiambres?

a) Azul.
b) Rojo.
c) Marrón.
d) Verde.

86. Los sistemas APPCC son un método que identifica y evalúa los peligros (físicos, químicos y biológicos) que se basan en la aplicación de principios, ¿Cuántos?

a) 3 principios.
b) 10 principios.
c) 7 principios.
d) 5 principios.

87. En las comidas preparadas refrigeradas se mantendrá a una temperatura interna igual o inferior a:

a) 4 °C si su vida útil es superior a 24 horas.
b) 8 °C si su vida útil es superior a 24 horas.
c) 8 °C si su vida útil es inferior a 24 horas.
d) Las opciones a) y c) son correctas.

88. Los productos recalentados:

a) Se volverán a almacenar.
b) Se podrán volver a calentar.
c) Se descartarán.
d) Podremos volver a congelarlos.

Solución al test n.º 4

1. c) Higiene alimentaria.

2. d) Se puede producir en cualquiera de las etapas.

3. b) Organolépticas.

4. c) Organolépticas.

5. c) Que se minimice el riesgo para la salud al tomarlo.

6. c) Las diez reglas de oro.

7. c) El pollo u otras carnes.

8. c) 70 ºC.

9. b) Los alimentos congelados deben descongelarse al menos parcialmente antes de ser cocinados.

10. d) Los 20 y los 40 ºC.

11. c) 60 ºC.

12. c) 10 ºC.

13. a) Real Decreto 1021/2022.

14. b) 4 ºC.

15. c) Directa.

16. d) Cuando el alimento cocinado se ha tocado en su procesado.

17. c) El pelo debe estar siempre limpio y no es necesario que esté recogido con cubrecabezas o redecillas.

18. c) Boca y nariz.

19. b) FFP.

20. c) Clara.

21. c) Reglamento 852/2004.

22. b) Primarios.

23. c) Los operadores de empresas alimentarias de producción primaria.

24. d) En las zonas de manipulación de alimentos.

25. d) Son ciertas b) y c).

26. c) Potables.

27. b) Sobre la empresa en la que trabaja el manipulador.

28. b) La autoridad competente.

29. c) Auditorías internas o externas.

30. c) Son ciertas a) y b).

31. c) Un Certificado de Profesionalidad.

32. d) Presencial, semipresencial o no presencial.

33. d) Un Certificado expedido por la empresa, o por la autoridad sanitaria competente.

34. b) Portador sano.

35. a) La Administración Pública competente.

36. d) Leves, graves y muy graves.

37. c) Grave.

38. b) Los locales para vestuarios serán siempre opcionales en estos casos.

39. d) 0 a (-25) ºC.

40. c) La autoridad competente en esta materia.

41. b) −18 °C.

42. b) 2 horas.

43. b) Plato testigo.

44. b) −18 °C.

45. b) 7 días.

46. c) 100 g.

47. c) Real Decreto 1086/2020.

48. c) El Ministerio de Consumo y el Ministerio de Agricultura, Pesca y Alimentación.

49. c) Mango.

50. c) Veterinario de servicio.

51. d) El Reglamento (CE) n.º 852/2004 relativo a la higiene de los alimentos.

52. d) Principio 4.

53. c) La calidad higiénico-sanitaria de los alimentos.

54. b) Prevenir.

55. d) Las respuestas a) y b) son correctas.

56. d) Control basado en los sentidos: vista, olfato, tacto y gusto.

57. b) Principio 2.

58. d) Todas son correctas.

59. b) De siete.

60. d) Establecer un sistema para registrar que el Plan APPCC está funcionando correctamente.

61. d) Principio 3. Establecer los Límites Críticos que deberán alcanzarse para asegurar que el PCC está bajo control.

62. d) Todas las anteriores son correctas.

63. b) Humedad y Reactividad del agua (Aw).

64. d) Todas las anteriores son técnicas en la vigilancia de los APPCC.

65. a) Medidas correctivas específicas para cada PCC del sistema de APPCC.

66. c) Cuatro actividades: usar los resultados del vigilancia para ajustar el proceso y mantenerlo bajo control; identificar los productos que se salieron de control; corregir las causas de la pérdida de control y mantener registros de las acciones correctivas y el destino de los productos desviados.

67. a) Diseñar y ejecutar los sistemas de verificación del plan de autocontrol.

68. c) Realizar un análisis de peligros.

69. b) En 7.

70. b) El Gerente del centro.

71. b) Identificar, valorar y controlar los peligros sanitarios e higiénicos asociados al conjunto y a cada una de las fases de la cadena alimentaria.

72. d) Siete principios.

73. d) Todas las respuestas son correctas.

74. d) Las opciones a) y c) son correctas.

75. a) Mostrar las incidencias ocurridas, la toma de decisiones y comprobar si el sistema está funcionado con eficacia.

76. c) Análisis de Peligros y Puntos de Control Críticos.

77. d) Todas son correctas.

78. a) Equipo multidisciplinar de personas responsables de la elaboración del Plan APPCC.

79. d) Para implantarlo debe cumplir los requisitos expresados en las respuestas b) y c).

80. c) Asegurar el control de los puntos de control crítico.

81. d) Todas son correctas.

82. d) Todas son correctas.

83. a) Azul.

84. b) Rojo.

85. c) Marrón.

86. c) 7 principios.

87. d) Las opciones a) y c) son correctas.

88. c) Se descartarán.

TEST N.º 5

El servicio de comedor

1. ¿Qué característica no tendrán las puertas que separan la cocina y el comedor?

a) Abatibles.
b) Herméticas.
c) Con ventanilla tipo ojo de buey.
d) Fáciles de abrir.

2. ¿Qué desventaja tienen las mesas rectangulares para los comensales?

a) Caben más comensales.
b) Las mesas muy largas reducen las posibilidades de comunicación entre los comensales.
c) Hay menos espacio entre comensales.
d) Dificulta el servicio.

3. ¿Dónde se apoyaría par descorchar un vino?

a) En la mesa del comensal.
b) En el aparador.
c) En un gueridón.
d) En un cestillo.

4. ¿Cuál es la función del carro caliente?

a) Cocer.
b) Recalentar la comida.
c) Mantener la temperatura del alimento.
d) Todas las respuestas son correctas.

5. ¿Qué aparato sirve para calentar un plato antes de emplatar la comida?

a) Mesa caliente.
b) Calientaplatos.
c) Baño María.
d) Salamandra.

6. ¿De qué material es el muletón?

a) Textil.
b) Metal.
c) Plástico.
d) Las opciones a) y b) son correctas.

7. ¿Qué forma tiene generalmente la servilleta?

a) Rectangular.
b) Triangular.
c) Cuadrada.
d) No tiene forma definida.

8. ¿Para qué elaboración se utiliza el plato hondo?

a) Patatas fritas.
b) Sopa.
c) Tarta.
d) Paella.

9. ¿Qué cuchara es más pequeña?

a) Sopera.
b) Postre.
c) Servicio.
d) Moka.

10. Según el protocolo, para el servicio de comedores, ¿cuál de estos elementos se cubre con un mantel o similar?

a) Mesa.
b) Gueridon.
c) Entrepaños del aparador.
d) Todas las respuestas son correctas.

11. ¿En un banquete, dónde se coloca la copa de vino?

a) A la derecha de la de agua.
b) A la izquierda de la de agua.
c) A la derecha de la de cava.
d) Junto al vaso de agua.

12. ¿Cómo se debe servir el pan en la mesa?

a) Con la mano.
b) Con pinchas.

c) En cestillo.
d) Las respuestas b) y c) son correctas.

13. ¿Cuándo se desbarasa el primer plato?

a) Antes del servicio del postre.
b) Después del servicio del segundo plato.
c) Antes del servicios del segundo plato.
d) A la vez que se sirve el segundo plato.

14. ¿Qué son los aros de montaje?

a) Utensilios de cocción.
b) Moldes.
c) Cubiertos.
d) Elementos de decoración.

15. ¿Sobre cuanto grados se ha de servir el vino rosado?

a) 8 ºC.
b) 10 ºC.
c) 12 ºC.
d) 15 ºC.

16. ¿En qué sistema se puede emplatar en office?

a) Tradicional.
b) Centralizado.
c) Self-service.
d) En todos ellos.

17. Señale cuál de las siguientes formas de colocar los cubiertos está equivocada:

a) Se colocan dos tenedores en la parte izquierda del plato, con las puntas hacia arriba.
b) El cuchillo y la pala de pescado se colocan a la derecha del plato, el cuchillo con el filo hacia fuera.
c) La cuchara se coloca a la derecha de los cuchillos.
d) Los cubiertos de postre se colocan entre las copas y el plato. El tenedor estará más cercano al plato y con el mango hacia la izquierda, la cuchara estará a continuación del tenedor pero con el mango hacia la derecha.

18. Para comer espaguetis, ¿qué cubertería utilizaría?

a) Tenedor trinchero a la derecha, exclusivamente.
b) Tenedor fondue a la derecha y cuchara postre a la izquierda.

c) Tenedor fondue a la derecha y cuchara sopera a la izquierda.

d) Tenedor trinchero a la derecha y cuchara sopera a la izquierda.

19. ¿Cuál es el número máximo de comensales que se deben sentar en una mesa redonda?

a) 3.

b) 5.

c) 10.

d) 15.

20. ¿Qué es el aparador?

a) Mesa auxiliar que se utiliza como apoyo a determinadas tareas de servicio.

b) Mueble donde colocar el material necesario para el montaje de las mesas y el servicio de las comidas.

c) Elemento móvil de apoyo al servicio.

d) Carro para presentar la oferta en comedor.

21. ¿Cuál de estos equipos servirá para mantener la comida caliente hasta su servicio?

a) Carro caliente.

b) Calientaplatos.

c) Rechaud.

d) Sauté.

22. ¿Dónde se coloca el muletón?

a) Sobre el mantel.

b) Sobre el cubremantel.

c) Bajo la mesa.

d) Bajo el mantel.

23. ¿Qué utilidad tiene el lito?

a) Evitar que el comensal se manche durante la comida.

b) Apoyo al camarero durante el servicio.

c) Secar los platos.

d) Proteger la mesa.

24. ¿Qué plato puede tener forma de media luna?

a) La rabanera.

b) El plato de postre.

c) El plato de ensalada.
d) Ninguno de ellos.

25. ¿Dónde se sirve el consomé?

a) En plato sopero.
b) En taza.
c) En vaso.
d) Las respuestas a) y b) son correctas.

26. ¿Cuál de éstas es la cuchara más pequeña?

a) Sopera.
b) Postre.
c) Moka.
d) Café.

27. ¿Qué es el diapasón?

a) Tenedor de trinchar.
b) Tenedor de ostras.
c) Tenedor de madera.
d) Una pala para el servicio de porciones.

28. ¿Para qué bebida se utiliza la copa tipo Burdeos?

a) Agua.
b) Vino.
c) Cerveza.
d) Licor.

29. ¿Qué tareas forman parte de la mise en place?

a) Repaso del material.
b) Preparación del aparador.
c) Montaje de mesas.
d) Todas las respuestas son correctas.

30. ¿Qué se utiliza para el repaso de la cristalería?

a) Un paño seco.
b) Vapor de agua.
c) Agua y jabón.
d) Limpiacristales.

31. ¿Cómo se viste la mesa?

a) Se coloca el muletón para proteger la mesa, a continuación el mantel que quede justo al borde de la mesa y por último el cubremantel que será del mismo tamaño.
b) Se coloca el mantel, luego el muletón y por último el cubremantel que protegerá a los otros de las manchas.
c) Se coloca el muletón, encima el mantel de manera que los picos caigan sobre las patas de la mesa, y sobre éste el cubremantel de tamaño más pequeño que el mantel.
d) Sólo es necesario poner el muletón y el cubremantel.

32. ¿Dónde se coloca el plato del pan?

a) A la izquierda del plato base.
b) A la derecha del plato base.
c) Encima del plato base.
d) Debajo del plato base.

33. Como norma general, ¿a qué lado del plato base se coloca el tenedor trinchero?

a) A la izquierda.
b) A la derecha.
c) Delante del plato y en horizontal.
d) Siempre.

34. ¿Dónde se coloca la copa de agua?

a) Centrada delante del plato.
b) A la derecha de la copa de vino tinto.
c) A la derecha de la copa de vino blanco.
d) Entre las copas de vino tinto y blanco.

35. ¿A quién se servirá primero según el protocolo?

a) A las señoras.
b) A los jóvenes.
c) Al caballero.
d) Al anfitrión.

36. ¿Dónde anota el camarero los platos solicitados por cada comensal?

a) En la carta.
b) En cualquier libreta.
c) En la comanda.
d) En la mano.

37. ¿Qué se debe servir primero?

a) La bebida.
b) La ensalada.
c) El pan.
d) El primer plato.

38. ¿Por qué lado del comensal se pasa la comida emplatada?

a) Por la derecha.
b) Por la izquierda.
c) Desde en frente.
d) Depende de la elaboración de que se trate.

39. ¿Qué diferencia hay entre el servicio a la inglesa y el servicio a la francesa?

a) El servicio a la inglesa se realiza con pinzas y el servicio a la francesa no.
b) El servicio a la inglesa es de fuente a plato y el servicio a la francesa no.
c) En el servicio a la inglesa en camarero sirve la comida en el plato y en el servicio a la francesa es el comensal quien lo hace.
d) El servicio a la inglesa es emplatado y el servicio a la francesa no.

40. ¿Qué es desbarasar?

a) Retirar de la mesa todos los elementos que han sido usados por el comensal.
b) Marcar cubiertos para un segundo plato.
c) Retirar la bandeja con la comida sobrante en un servicio a la inglesa.
d) Acumular los residuos en el aparador.

41. ¿Cuántas personas pueden formar la presidencia en un banquete?

a) Una o varias.
b) Siempre un número impar.
c) Siempre un número par.
d) En una mesa imperial todos los comensales forman la presidencia.

42. ¿Cuál de estos platos no forma parte del desayuno continental?

a) Zumo.
b) Café.
c) Bollería.
d) Huevos con bacón.

43. ¿Qué especialidad tiene el sumiller?

a) Servicio de postres.
b) Toma de comanda.
c) Servicio de vinos.
d) Atención en banquetes.

44. ¿Cómo se denomina el servicio en el que los camareros pasan con bandejas ofreciendo comida y bebida?

a) Buffet.
b) Cóctel.
c) Catering.
d) Autoservicio.

45. ¿Qué caracteriza al buffet?

a) Variedad de platos.
b) Manteles largos.
c) Los comensales están de pie.
d) Las respuestas a) y b) son correctas.

46. ¿Para qué se utiliza la marmita?

a) Para elaborar asados.
b) Para elaborar fondos.
c) Para cocciones al vacío.
d) Todas las respuestas son correctas.

47. La Sautese es utilizada para:

a) Saltear, rehogar y estofar géneros.
b) Confeccionar salsas y cremas.
c) Asar grandes piezas de carne.
d) Presentar pescados.

48. ¿Qué diferencia hay entre una marmita y un rondón?

a) Tienen diferente forma.
b) El rondón es más bajo.
c) La marmita tiene dos asas y el rondón una.
d) No hay apenas diferencias.

49. ¿Para qué se utiliza el baño María?

a) Se usa para mantener calientes ciertas elaboraciones.
b) Para asar.
c) Para elaborar salsas, hervidos, purés, cremas.
d) Se utiliza para la cocción de pequeñas cantidades de producto.

50. ¿Qué función tiene el abatidor de temperatura?

a) Aumentar la temperatura.
b) Conservar el alimento.

c) Bajar la temperatura del alimento.
d) Cocer alimentos a presión.

51. ¿Qué son las mesas refrigeradas?

a) Son mesas de trabajo de acero inoxidable y en su parte inferior tiene instalado un sistema frigorífico.
b) Son mesas de trabajo cuya única característica es que están dentro de una cámara frigorífica.
c) Son mesas para mantener calientes las elaboraciones hasta el momento del servicio.
d) Ninguna respuesta es correcta.

52. ¿Qué fuente de calor utiliza la prusiana?

a) Gas.
b) Gasoil.
c) Carbón vegetal.
d) Electricidad.

53. ¿Qué tipos de salamandras hay?

a) Eléctricas y de gas.
b) Murales y centrales.
c) Manuales y automáticas.
d) Las respuestas a) y b) son correctas.

54. ¿Para qué se usa la mesa caliente?

a) Para elaborar platos calientes.
b) Para elaborar platos fríos.
c) Para mantener los platos calientes antes del servicio.
d) Para mantener los platos fríos antes del servicio.

55. ¿Qué hilo se utiliza para bridar?

a) Bramante.
b) Seda.
c) Lana.
d) Cordel.

56. Indica la opción incorrecta respecto de la maquinaria de servicio de comedor:

a) El rechaud es un calientaplatos pero para las fuentes.
b) El calientaplatos se utiliza para mantener calientes los platos evitando así que las elaboraciones calientes se enfíen en el momento del racionado y servicio.

c) El carro caliente tiene la misma función que una mesa caliente.

d) El rechaud es un infiernillo de gas o alcohol para elaborar platos o terminarlos en el comedor delante de los comensales.

57. ¿Qué capacidad tiene una taza de moka?

a) 55 cc.
b) 150 cc.
c) 30 cc.
d) 250 cc.

58. ¿A qué nos referimos con el término desbarasado?

a) Una técnica de trinchar el asado.
b) El montaje de las mesas para los comensales.
c) La retirada del primer plato antes de servir el segundo.
d) El terminado de un plato en el comedor delante de los comensales.

59. Indica la opción incorrecta. Atendiendo al combustible o fuente de energía, los fogones pueden ser:

a) De gasoil.
b) Eléctricos.
c) Integrales.
d) De gas ciudad.

60. Son los fogones que se colocan adosados a la pared:

a) Murales.
b) Centrales.
c) Integrales.
d) Acoplables.

61. No es una característica del gas propano:

a) Más puro que el gas butano.
b) Sus fogones suelen ser de hierro o acero inoxidable.
c) Gasifica menos que el gas butano.
d) Es un gas tóxico y pesado.

62. La antecámara de una cámara frigorífica se encuentra generalmente entre:

a) 10 – 12 ºC.
b) 4 – 9 ºC.
c) 0 – 4 ºC.
d) -18 a – 20 ºC.

63. La cámara de congelación se encuentra generalmente entre:

a) - 10 a - 12 ºC.
b) - 4 a - 9 ºC.
c) - 0 a - 4 ºC.
d) -18 a - 20 ºC.

64. Aparato con recipiente giratorio que va vaporizando su contenido por medio de un baño María y que se utiliza en la cocina para obtener olores y matices volátiles de los alimentos:

a) Gatrovac.
b) Rotoval.
c) Cutter.
d) Pacojet.

65. Recipiente que consta de una base y una rejilla, útil para escurrir o bañar el género de manera que el sobrante cae y se recoge sobre la base:

a) Escurridera.
b) Escurridor.
c) Escarchadera.
d) Tamiz.

66. La espátula de goma también se conoce con el nombre de:

a) Lengua.
b) Miserable.
c) Pacojet.
d) Las opciones a) y b) son correctas.

67. Esta herramienta se utiliza para la realización del corte *noisette*:

a) Cucharilla vaciadora.
b) Deshuesadora.
c) Sacabocado.
d) las opciones a) y c) son correctas.

Solución al test n.º 5

1. b) Herméticas.

2. b) Las mesas muy largas reducen las posibilidades de comunicación entre los comensales.

3. c) En un gueridón.

4. c) Mantener la temperatura del alimento.

5. b) Calientaplatos.

6. a) Textil.

7. c) Cuadrada.

8. b) Sopa.

9. d) Moka.

10. d) Todas las respuestas son correctas.

11. a) A la derecha de la de agua.

12. d) Las respuestas b) y c) son correctas.

13. c) Antes del servicios del segundo plato.

14. b) Moldes.

15. b) 10 ºC.

16. a) Tradicional.

17. b) El cuchillo y la pala de pescado se colocan a la derecha del plato, el cuchillo con el filo hacia fuera.

18. d) Tenedor trinchero a la derecha y cuchara sopera a la izquierda.

19. c) 10.

20. b) Mueble donde colocar el material necesario para el montaje de las mesas y el servicio de las comidas.

21. a) Carro caliente.

22. d) Bajo el mantel.

23. b) Apoyo al camarero durante el servicio.

24. c) El plato de ensalada.

25. d) Las respuestas a) y b) son correctas.

26. c) Moka.

27. a) Tenedor de trinchar.

28. b) Vino.

29. d) Todas las respuestas son correctas.

30. b) Vapor de agua.

31. c) Se coloca el muletón, encima el mantel de manera que los picos caigan sobre las patas de la mesa, y sobre éste el cubremantel de tamaño más pequeño que el mantel.

32. a) A la izquierda del plato base.

33. a) A la izquierda.

34. a) Centrada delante del plato.

35. a) A las señoras.

36. c) En la comanda.

37 c) El pan.

38. a) Por la derecha.

39. c) En el servicio a la inglesa en camarero sirve la comida en el plato y en el servicio a la francesa es el comensal quien lo hace.

40. a) Retirar de la mesa todos los elementos que han sido usados por el comensal.

41. a) Una o varias.

42. d) Huevos con bacón.

43. c) Servicio de vinos.

44. b) Cóctel.

45. d) Las respuestas a) y b) son correctas.

46. b) Para elaborar fondos.

47. a) Saltear, rehogar y estofar géneros.

48. b) El rondón es más bajo.

49. a) Se usa para mantener calientes ciertas elaboraciones.

50. c) Bajar la temperatura del alimento.

51. a) Son mesas de trabajo de acero inoxidable y en su parte inferior tiene instalado un sistema frigorífico.

52. c) Carbón vegetal.

53. d) Las respuestas a) y b) son correctas.

54. c) Para mantener los platos calientes antes del servicio.

55. a) Bramante.

56. a) El rechaud es un calientaplatos pero para las fuentes.

57. a) 55 cc.

58. c) La retirada del primer plato antes de servir el segundo.

59. c) Integrales.

60. a) Murales.

61. c) Gasifica menos que el gas butano.

62. a) 10 – 12 ºC.

63. d) -18 a - 20 ºC.

64. b) Rotoval.

65. c) Escarchadera.

66. d) Las opciones a) y b) son correctas.

67. d) las opciones a) y c) son correctas.

TEST N.º 6

El cuidado de la ropa: el lavado de la ropa. El planchado de la ropa

1. Son características estructurales de un local de lavandería:

a) Las ventanas deberán tener una altura superior a 1,5 metros.
b) El sistema de circulación de agua para su reutilización.
c) La identificación de espacios por colores.
d) Todas las fases del proceso deben localizarse en una misma zona.

2. ¿Se pueden producir cruces entre la ropa sucia y la ropa limpia?

a) Siempre.
b) Solo cuando la ropa limpia está empaquetada.
c) Si, teniendo el máximo cuidado de que no haya contacto ente la ropa sucia y la limpia.
d) No, nunca.

3. ¿Qué tarea no corresponde al área de clasificación y lavado?

a) La selección de los programas de lavado.
b) La preparación de detergentes y otros productos.
c) La centrifugación.
d) El pesado de la ropa que se selecciona.

4. Son fases del circuito limpio:

a) Lavado, planchado y plegado.
b) Secado, planchado, plegado y almacenamiento.
c) Centrifugado, secado, planchado y plegado
d) Centrifugado, secado, planchado y almacenamiento.

5. ¿A qué proceso de planchado se someten las toallas?

a) Calandra.
b) Maniquí.
c) Túnel de secado.
d) No se planchan.

6. ¿Cómo influye el planchado en calandra sobre las manchas de grasa?

a) Ayuda a su eliminación.
b) Las fija más.
c) Emulsiona la grasa de la mancha gracias a las altas temperaturas.
d) No influye.

7. ¿Cuál de estos aspectos no deberá controlar el servicio de lavandería?

a) Costes de explotación, gestión y suministro.
b) Que el tratamiento al que se somete la ropa es eficaz, y el deterioro de los tejidos durante el proceso, mínimo.
c) La calidad del procesado de la ropa.
d) La contratación de personal.

8. ¿Qué tipo de gestión tiene la lavandería centralizada?

a) Propia.
b) Ajena.
c) Contratada.
d) Puede tener cualquier tipo de gestión.

9. ¿Qué tipo de lavandería es de mayor tamaño?

a) Descentralizada.
b) Centralizada.
c) Ajena.
d) El tamaño es igual en todos los casos.

10. ¿Cuál de estas tareas no se realiza en la sección de clasificación?

a) Pesado de la ropa.
b) Preparación de lotes para lavado
c) Clasificación de la ropa limpia.
d) Selección de programa de lavado.

11. ¿Cómo se produce la centrifugación?

a) A la fuerza de gravedad.
b) A la fuerza de tracción originada por el giro del bombo.
c) A la fuerza centrífuga.
d) Al movimiento de vaivén del bombo.

12. ¿En qué proceso se elimina toda la humedad de la ropa limpia?

a) Centrifugación.
b) Secado.

c) Lavado.
d) En ninguno de estos.

13. ¿Qué es la calandra?

a) Un equipo de lavado.
b) Un equipo de planchado.
c) Un equipo de centrifugación.
d) Un rodillo de empaquetamiento.

14. ¿Dónde se realiza el marcaje de prendas?

a) En el área de secado.
b) En el área de costura.
c) En el área de distribución.
d) En casa.

15. ¿Cómo serán las bolsas utilizadas para proteger la ropa limpia?

a) Blancas.
b) De tela y color azul.
c) De plástico transparente.
d) De lona negra.

16. ¿Por dónde entra la ropa en la lavandería?

a) Por la zona sucia.
b) Por la zona limpia.
c) Por la zona de residuos.
d) Por railes aéreos.

17. ¿Para qué se pesa la ropa sucia que entra en la lavandería?

a) Para saber cuánto se facturará a cada servicio.
b) Para calcular la dosis de detergente diaria.
c) Para controlar la producción.
d) Ninguna respuesta es correcta.

18. ¿Cómo se clasifica la ropa sucia?

a) Manualmente.
b) Automáticamente.
c) Por Departamentos.
d) No se clasifica.

19. ¿Qué ocurre cuando el peso de ropa por lavado es inferior al recomendado?

a) La ropa queda más apretada, dificultando que los productos puedan penetrar en los tejidos.
b) Las máquinas trabajan más forzadas, y el sistema se puede dañar causando una avería.
c) El consumo de agua para la producción diaria prevista es mayor.
d) Las prendas no quedan limpias.

20. ¿Cómo se carga el túnel de lavado?

a) Manualmente.
b) Mecánicamente.
c) Directamente desde el área de clasificación.
d) Por carros de empuje manual.

21. ¿Cómo atraviesa la ropa la barrera sanitaria?

a) Por una puerta de vaivén.
b) Por el exterior.
c) Por el túnel de lavado.
d) Nunca la atraviesa. La ropa no pasa de una zona a otra.

22. ¿Cuál de estas fases se realiza en la zona limpia?

a) Secado.
b) Planchado.
c) Plegado.
d) Todas las respuestas son correctas.

23. ¿Cuándo se limpiarán y desinfectarán los carros de ropa limpia?

a) Antes de pasar a la zona sucia.
b) Una vez al mes.
c) A diario.
d) Tras cada viaje.

24. ¿Qué lote de ropa se planchará en calandra?

a) Uniformes.
b) Ropa de forma.
c) Ropa de línea.
d) Ropa de baño.

25. ¿Dónde es más adecuado secar la ropa de forma?

a) En calandra.
b) En secadora.

c) En perchas que pasan por el túnel de secado.
d) En centrifugadora.

26. ¿Qué es falso sobre el personal de lavandería?

a) Es posible la especialización del personal en las labores correspondientes a una de las secciones.
b) La distribución del personal puede hacerse por turnos.
c) Un trabajador puede estar cambiando de circuito dentro de la misma jornada laboral, siempre que sepa desempeñar las distintas tareas.
d) El personal recibirá formación e información sobre el manejo de la maquinaria.

27. ¿Cómo pueden ser los contenedores de ropa sucia?

a) Con una estructura de tubo de acero inoxidable con saco desmontable de tejido plastificado
b) Es una estructura de plástico o resina.
c) Tienen ruedas giratorias para poder desplazarlos.
d) Todas las respuestas son correctas.

28. ¿Para qué sirve la mesa de clasificación?

a) Para separar la ropa antes del lavado.
b) Para separar la ropa limpia.
c) Para guardar la ropa limpia.
d) Para apoyarse durante el plegado de la ropa.

29. ¿Cuál de estos tipos de cinta es más utilizado para la clasificación de la ropa?

a) Bandas.
b) Rodillo.
c) Tablillas.
d) Cualquiera de las anteriores.

30. ¿Para cuál de estas fases del proceso se puede utilizar un transportador aéreo para cargas pesadas?

a) Para clasificar la ropa.
b) Para llevar la ropa clasificada hasta el túnel de lavado.
c) Para vaciar el túnel de lavado.
d) Para transportar ropa limpia.

31. ¿Cómo funcionan las tolvas?

a) De forma mecánica.
b) Con ayuda de un panel de control.

c) Por gravedad.
d) Manualmente.

32. ¿Qué son bastidores base?

a) Tolvas.
b) Mesas.
c) Lavadoras.
d) Plegadoras.

33. ¿Qué tipo de sistema es la lavadora convencional?

a) Discontinuo.
b) Continuo.
c) Túnel de lavado.
d) Centrifugadora.

34. ¿Qué semejanza hay entre un túnel de lavado y una lavadora convencional?

a) Gastan la misma cantidad de agua.
b) Utilizan la misma cantidad de producto de lavado.
c) Son sistemas continuos.
d) Son equipos de lavado.

35. ¿En qué caso se tarda menos tiempo en eliminar el agua de la ropa?

a) A mayor velocidad de centrifugación.
b) A menor velocidad de centrifugación.
c) A mayor tiempo de lavado.
d) A mayor tamaño del aparato.

36. ¿En qué se basa el túnel de lavado?

a) En realizar todas las fases de lavado de un conjunto de prendas al mismo tiempo.
b) En dividir las fases de lavado en diferentes compartimentos.
c) En mantener la ropa de manera continua en una fase del lavado.
d) En lavar un lote de ropa cuando termina el anterior.

37. ¿Cuándo se dosifican los productos en el túnel de lavado?

a) En el primer compartimento al inicio del proceso.
b) A mitad del proceso.
c) En cada compartimento.
d) Al inicio de la jornada.

38. ¿Qué característica tiene la parte superior de la prensa?

a) Abatible y convexa.
b) Fija y convexa.
c) Fija y cóncava.
d) Abatible y cóncava.

39. ¿Cómo se denomina la parte inferior de la prensa?

a) Plancha.
b) Almohadilla.
c) Resistencia.
d) Vaporeta.

40. ¿Para qué es útil la plancha manual?

a) Para el repaso de botonaduras.
b) Para el planchado de prendas grandes.
c) Para planchar ropa lisa.
d) Para planchar toallas.

41. ¿Cuál es el primer proceso que se lleva a cabo en la lavandería?

a) Lavado.
b) Secado.
c) Costura.
d) Distribución.

42. ¿Cuál de los siguientes no es un objetivo del lavado?

a) Eliminación total de la suciedad presente en la ropa, sin deteriorar los tejidos, utilizando los productos adecuados.
b) Desinfección de las prendas, cuando sea necesario.
c) Eliminación de arrugas en la ropa.
d) Proporcionar olor y tacto agradable a las prendas lavadas.

43. ¿Cuál es el último producto añadido en el ciclo de lavado?

a) Detergente.
b) Humectante.
c) Suavizante.
d) Coadyuvante.

44. ¿Para qué se realiza la fase de humectación?

a) Para facilitar que el agua penetre entre las fibras para disolver la suciedad.
b) Para favorecer la fijación de manchas solubles en agua.

c) Para eliminar manchas profundas.
d) Todas las respuestas son correctas.

45. ¿Cuándo se realiza el prelavado?

a) Antes del lavado.
b) Después del lavado.
c) Antes del aclarado.
d) Al final del proceso.

46. ¿Qué es cierto sobre el aclarado?

a) Se realiza sin productos.
b) Se realiza sólo al final del proceso de lavado.
c) Va acompañado de agitación.
d) Todas las respuestas son correctas.

47. ¿Qué objetivo tiene el centrifugado?

a) Eliminación de parte del agua retenida en los tejidos.
b) Agitación para favorecer la acción de los productos.
c) Eliminar los productos.
d) Mojar la ropa.

48. ¿Cuándo se realiza siempre un centrifugado?

a) Al inicio del lavado.
b) Después de cada aclarado.
c) Antes de adicionar cualquier producto.
d) Al secar la ropa.

49. ¿Qué producto trata de eliminar los restos de cloro?

a) Lejía.
b) Cloro.
c) Suavizante.
d) Neutralizante.

50. ¿Cuál de estas fases no necesita aclarado posterior?

a) Suavizante.
b) Neutralizado.
c) Prelavado.
d) Lavado.

51. ¿Cómo se almacenara la ropa limpia?

a) Empaquetada y en carros destinados a tal uso.
b) Empaquetada y sobre estantes limpios y desinfectados.
c) Plegada y dentro de los armarios.
d) Ninguna respuesta es correcta.

52. ¿Cómo se quita una mancha de bolígrafo sobre un tejido?

a) Con alcohol.
b) Con agua oxigenada.
c) Con lejía.
d) Con aguarrás.

53. ¿Qué elemento se puede utilizar para quitar manchas de oxido de las prendas?

a) Aceite.
b) Limón.
c) Sal.
d) Alcohol.

54. La seda es una fibra:

a) Vegetal.
b) Mineral.
c) Animal.
d) Artificial.

55. ¿Qué ocurre si a una mancha de sangre se le aplica lejía?

a) Desaparece completamente.
b) Se fija más.
c) Se extiende.
d) Se desincrusta.

56. ¿Qué propiedades son deseables en una fibra?

a) Bajo punto de fisión.
b) Baja elasticidad.
c) Tintabilidad.
d) Hidrofilidad alta.

57. ¿Qué característica es deseable para una fibra de uso industrial?

a) Fácil cuidado.
b) Durabilidad.

c) Capacidad de protección frente al calor, al frío o al agua.
d) Fácil cuidado de la prenda.

58. ¿Qué son los tensioactivos?

a) Producto desinfectante.
b) Suavizante.
c) Principal componente de los neutralizantes.
d) Componente activo del detergente.

59. ¿Qué tipo de componente son los carbonatos?

a) Tensioactivo.
b) Coadyuvante.
c) Aditivo.
d) Auxiliar.

60. ¿Qué es el perborato sódico?

a) Agua oxigenada.
b) Un desinfectante.
c) Tensioactivo.
d) Blanqueante óptico.

61. ¿Qué es cierto sobre la manipulación de la ropa limpia?

a) Debe ser mínima.
b) La puede hace cualquier trabajador de la lavandería.
c) Debe ser máxima.
d) No se manipulará la ropa limpia.

62. ¿Qué precaución se tomará al manipular la ropa en la calandra?

a) No tocarla.
b) Uso de guantes.
c) Uso de mascarilla.
d) Cogerla siempre por el centro.

63. La zona sucia y la zona limpia de la lavandería estarán separadas por:

a) Carros de ropa limpia y sucia.
b) Por habitaciones independientes.
c) Por un biombo.
d) Por una barrera sanitaria.

64. ¿Cuál es la temperatura máxima de plancha para el algodón?

a) 110 ºC.
b) 150 ºC.
c) 200 ºC.
d) 300 ºC.

65. ¿Cuál de estos tejidos no se puede planchar?

a) Lino.
b) Lana.
c) Tejidos elásticos.
d) Algodón.

66. ¿Qué ocurre si la ropa se empaqueta cuando está húmeda?

a) Se contaminará por hongos.
b) Presentará manchas.
c) Tendrá mal olor.
d) Todas las respuestas son cierta.

67. ¿Qué equipos de protección individual utilizará el trabajador para manipular la ropa sucia?

a) Guantes.
b) Mascarilla.
d) Gorro.
d) Guantes y mascarilla.

68. ¿Qué manipulación de la ropa se lleva a cabo en la zona sucia?

a) Separación.
b) Clasificación.
c) Desmanchado.
d) Todas estas operaciones se realizan en la zona sucia.

69. ¿Cuál de estas manchas se puede eliminar con benzol?

a) Grasa.
b) Bolígrafo.
c) Chicle.
d) Fruta.

70. ¿Con qué método eliminaría una mancha de aceite?

a) Vinagre.
b) Benzol.

c) Agua oxigenada.
d) Lejía.

71. ¿Qué remedio es eficaz frente a las manchas de óxido?

a) Limón.
b) Agua oxigenada.
c) Alcohol.
d) Éter.

72. ¿Con qué producto se podrá eliminar una mancha de moho en el tejido?

a) Éter.
b) Lejía.
c) Limón.
d) Vinagre.

73. ¿Con qué limpiaría una mancha de tomate reciente?

a) Lejía.
b) Alcohol.
c) Agua fría.
d) Acetona.

74. ¿Cómo se recogerá la ropa en el centro?

a) De forma selectiva.
b) Toda junta.
c) Clasificada por patologías.
d) Separada por usuarios.

75. ¿Cómo irán las bolsas de ropa en los carros?

a) Llenas.
b) Cerradas.
c) Una bolsa en cada carro.
d) Todas las respuestas son correctas.

76. ¿Durante cuánto tiempo se almacenará la ropa sucia?

a) El máximo posible.
b) Una semana.
c) Unos días.
d) El mínimo posible.

77. ¿Con qué frecuencia se desinfectarán los almacenes de ropa?

a) Diariamente.
b) Semanalmente.
c) Mensualmente.
d) Anualmente.

78. ¿Qué característica no es adecuada para los almacenes de ropa?

a) Ventilación.
b) Fácil limpieza.
c) Espacio suficiente.
d) Hermético.

79. ¿Con qué se quita la mancha de alquitrán?

a) Acetona.
b) Aguarrás.
c) Hielo.
d) Alcohol.

80. ¿Qué mancha se quita con hielo?

a) Tinta.
b) Chicle.
c) Laca de uñas.
d) Bolígrafo.

81. ¿Cuál de las siguientes mezclas, realizadas en la proporción adecuada, es efectiva para la eliminación de las manchas de tintura de yodo en la ropa?

a) Agua y amoníaco.
b) Bórax y glicerina.
c) Agua y trementina.
d) Lejía y amoniaco.

82. ¿Cuándo estará la ropa higienizada?

a) Cuando se haya lavado.
b) Cuando no presente restos de manchas.
c) Nada más salir de la lavadora.
d) Cuando esté sin restos de suciedad ni olor, de manera que pueda ser usada nuevamente, sin riesgo de constituir un foco de infección.

83. ¿En qué se diferencia la ropa de línea de la ropa de forma?

a) El procedimiento de planchado.
b) La presencia o no de costuras.

c) El tipo y estructura de la prenda.
d) Todas las respuestas son correctas.

84. ¿En qué grupo están los uniformes?

a) Ropa de línea.
b) Ropa lisa.
c) Ropa de forma.
d) Ninguna respuesta es correcta.

85. ¿Qué tipo de tejido es la felpa?

a) Tafetán.
b) Cruzado.
c) Liso.
d) De hilos levantados.

86. ¿Qué es la elasticidad?

a) La capacidad de la fibra de recuperar su forma inicial tras aplicar una tracción.
b) La capacidad de la fibra de no romperse tras plegarse por sí misma.
c) La rigidez de la fibra.
d) La capacidad de una fibra de mantener su estructura.

87. ¿Qué clasificación se puede hacer de las fibras naturales?

a) Artificiales y sintéticas.
b) De origen animal o vegetal.
c) De semilla, tallo u hojas.
d) Lana, pelo o seda.

88. ¿De dónde se obtiene el miraguano?

a) De tallos.
b) De un gusano.
c) De semillas.
d) De hojas.

89. ¿Cómo se obtienen las fibras artificiales?

a) Por transformación química de las fibras naturales.
b) Por transformación de las fibras sintéticas.
c) Por polimerización de derivados del carbón o el petróleo.
d) Directamente de un animal o planta.

90. ¿A qué se denomina *pilling*?

a) Es una propiedad química de las fibras.
b) Comportamiento a la fricción.
c) Es una propiedad geométrica de las fibras.
d) Medida de su grosor y está relacionado con el diámetro de la fibra aparentemente.

91. ¿Qué características tienen que ver con la finura de la fibra?

a) La sensación al tacto.
b) Comportamiento en el proceso de hilatura.
c) Brillo.
d) Todas las respuestas son correctas.

92. ¿Cuál de las siguientes es una propiedad óptica de las fibras?

a) Torsión.
b) Propiedades tintóreas.
c) Brillo.
d) Hinchamiento.

93. ¿Cuál es el Real Decreto relativo al etiquetado de composición de los productos textiles?

a) R.D. 924/97, de 5 de junio.
b) R.D. 928/87, de 5 de junio.
c) R.D. 829/87, de 5 de junio.
d) R.D. 428/78, de 5 de junio.

94. ¿La norma relativa al etiquetado y composición de textiles es de aplicación a?

a) Las empresas dedicadas a la fabricación de textiles.
b) Las empresas dedicadas a la comercialización de textiles.
c) Los productos textiles nacionales.
d) Todas las respuestas son correctas.

95. ¿Cuál de las siguientes expresiones no se puede utilizar delante del nombre de la fibra para denominar productos puros?

a) 100 por 100.
b) Puro.
c) Todo.
d) Único.

96. ¿Qué denominación podrá usarse para el tejido que tiene una cantidad de lana virgen del 30 por 100 del peso total de la mezcla?

a) Lana.
b) Lana virgen.
c) Lana tratada.
d) Mezclilla.

97. ¿Qué producto podrá denominarse "semilino"?

a) Los productos que contengan una urdimbre de algodón puro y una trama en lino puro y cuyo porcentaje de lino no sea inferior al 40 por 100 del peso total de la tela sin encolar.
b) Los productos que contengan un 90 por 100 de lino y que no hayan sido sometidos a tratamientos previos a su comercialización.
c) Los productos que no contengan lana virgen.
d) Los productos que contengan una urdimbre de algodón puro y una trama en lino puro y cuyo porcentaje de lino sea inferior al 40 por 100 del peso total de la tela sin encolar.

98. Los productos textiles importados de países no pertenecientes a la Unión Europea, ¿qué identificación llevarán en la etiqueta?

a) El número de registro industrial del fabricante nacional.
b) El número de identificación fiscal del importador.
c) El nombre del país.
d) El CIF del fabricante.

99. ¿Cómo se etiqueta un producto textil formado por dos partes que no tengan la misma composición?

a) Una etiqueta que indique la composición de la parte mayoritaria del producto.
b) Una etiqueta que indique el contenido en fibras de cada una de las partes.
c) Una etiqueta de la composición global del producto.
d) Está exento de la obligatoriedad de llevar etiqueta.

100. ¿En qué lengua figurará obligatoriamente la inscripción de la etiqueta?

a) Al menos en la lengua española oficial del Estado.
b) Solamente en la lengua española oficial del Estado.
c) Al menos en la lengua propia de la Comunidad fabricante.
d) No hay referencia al respecto en la ley.

101. ¿Cómo será la fijación del etiquetado en los tejidos?

a) El etiquetado será obligatorio en cada pieza.
b) El etiquetado deberá estar tejido en cada pieza, nunca impreso.
c) La etiqueta irá adherida en una zona no visible de la pieza.
d) Todas las respuestas son correctas.

102. ¿Qué caracteriza a los productos de lana virgen?

a) Han sufrido una operación de hilatura.
b) Están compuestos por varias fibras.
c) No han sufrido una operación de enfieltrado.
d) Ninguna es una característica de la lana virgen.

103. Todo producto textil compuesto por dos o más fibras, en el que una de ellas represente el 85 por 100 del peso total, como mínimo, se designará mediante:

a) El nombre de la fibra y su porcentaje en peso.
b) El nombre de la fibra y la indicación de "85 por 100 mínimo".
c) La composición porcentual completa del producto, ordenada de mayor a menor.
d) Cualquier de las indicadas anteriormente.

104. El siguiente símbolo significa:

a) Lavado.
b) Secado.
c) Prensado.
d) Blanqueo.

105. El siguiente símbolo significa:

a) Lavado.
b) Secado.
c) Prensado.
d) Blanqueo.

106. El siguiente símbolo significa:

a) Lavado.
b) Secado.
c) Planchado.
d) Blanqueo.

107. El siguiente símbolo significa:

a) Tratamiento suave.
b) Tratamiento muy suave.
c) Tratamiento extra suave.
d) Tratamiento a temperatura muy alta, máximo 60 ºC.

108. El siguiente símbolo significa:

a) Temperatura suave, máximo 40 ºC.
b) Temperatura suave, máximo 60 ºC.
c) Temperatura suave, máximo 20 ºC.
d) Temperatura suave, máximo 50 ºC.

109. El siguiente símbolo significa:

a) Se permite cualquier agente oxidante de blanqueo.
b) Se permite apilar la ropa sucia.
c) Solo blanquear con un agente oxidante exento de cloro.
d) No blanquear.

110. El siguiente símbolo significa:

a) Secado con plancha.
b) Planchado a la temperatura máxima de la placa inferior de 150 ºC.
c) La plancha de vapor puede causar un daño irreversible.
d) Planchado a la temperatura máxima de la placa inferior de 110 ºC.

111. El siguiente símbolo significa:

a) Limpieza profesional en seco.
b) Limpieza profesional a la sombra.
c) Limpieza profesional en húmedo.
d) Limpieza profesional en secadoras.

112. Este símbolo significa:

a) Temperatura mínima de lavado 30 ºC.
b) Temperatura máxima de lavado 30 ºC y proceso suave.
c) Temperatura máxima de lavado 30 ºC y proceso muy suave.
d) Temperatura mínima de lavado 30 ºC y no centrifugar.

113. El símbolo de secado al aire, colgado en una percha o tendido, es:

a)

b)

c)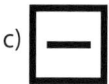

d)

114. ¿Cuál de los siguientes símbolos significa planchado a la temperatura máxima de la placa interior de 110 ºC, la plancha de vapor puede causar un daño irreversible?

a)

b)

c)

d)

115. ¿Quién ideó un sistema de etiquetado de cuidado internacionalmente aplicable para textiles basado en símbolos?

a) GEDEREX.
b) GINETEX.
c) El Ministerio de Economía.
d) No hay ningún sistema de aplicación internacional.

116. Los números en el símbolo en forma de tina de lavado, ¿qué especifican?

a) Las temperaturas mínimas de lavado en grados centígrados.
b) Las temperaturas de lavado que podrán superarse en cada prenda.
c) Las temperaturas máximas de lavado en grados centígrados.
d) Ninguna respuesta es correcta.

117. ¿Cómo se indica que una prenda no debe lavarse?

a) Con una cruz tachando la tina de lavado,
b) Con una franja debajo de la tina de lavado.
c) Con una cruz debajo de la tina de lavado.
d) Con un círculo en la tina de lavado.

118. ¿Cómo se indica un tratamiento mecánico muy reducido?

a) Con una tina y una cruz.
b) Con una franja bajo la tina.
c) Con doble franja bajo la tina.
d) Con una raya vertical sobre la tina.

119. ¿Qué indica el triángulo con dos líneas oblicuas?

a) Que el blanqueador de oxígeno no está permitido.
b) Que el blanqueador de oxígeno está permitido.
c) Que el cloro está permitido.
d) Que el oxígeno y el cloro para blanqueamiento están permitidos.

120. ¿Cuál es el símbolo del secado?

a) El círculo.
b) El triángulo.
c) El cuadrado.
d) La cruz.

121. ¿Qué símbolo representa un secado plano?

a) Cuadrado con una línea vertical.
b) Cuadrado con doble línea vertical.
c) Cuadrado con una línea horizontal.
d) Cuadrado vacío.

122. ¿Qué significa el círculo en el cuadrado?

a) Secado natural.
b) Secado en secadora.
c) Planchado.
d) Lavado en seco.

123. ¿Qué temperatura máxima de planchado indica un símbolo de una plancha con tres puntos?

a) 100 ºC.
b) 120 ºC.
c) 150 ºC.
d) 200 ºC.

124. ¿Qué significa un cuadrado dos líneas verticales?

a) Secado plano.
b) Secado al aire por goteo.
c) No lavar con lejía.
d) Secado al aire a la sombra.

125. ¿Cuál es el significado del símbolo que aparece en las etiquetas de las prendas de ropa?

a) Limpiar en seco.
b) No lavar con agua.
c) No blanquear.
d) No usar secadora.

126. ¿Qué indica este símbolo en relación al planchado?

a) Plancha a baja temperatura.
b) Planchado a la temperatura máxima de la placa inferior de 200 ºC.
c) Plancha a temperatura moderada.
d) No planchar.

127. ¿Cuál es el significado del símbolo, que aparece en las etiquetas de las prendas de ropa?

a) Limpiar en seco.
b) No lavar con agua.
c) No blanquear.
d) No planchar.

128. ¿Cuál es el significado del siguiente símbolo?

a) Limpiar en seco.
b) Lavar con agua.
c) Blanquear.
d) Secado plano.

129. ¿Qué indica este símbolo?

a) Lavado suave a 40 ºC.
b) Lavado coloreado a 40 ºC.
c) Lavado fino a 40 ºC.
d) Lavado muy suave a 40 ºC.

130. ¿Qué indica este símbolo?

a) No usar detergente.
b) No usar blanqueador.
c) Permitido blanqueador con oxígeno.
d) Permitido todo tipo de blanqueador.

131. ¿Qué indica este símbolo en secado natural?

a) Secado plano por goteo a la sombra.
b) Línea de goteo secando a la sombra.
c) Secado al aire por goteo a la sombra.
d) Secado al aire.

132. ¿Qué indica este símbolo?

a) Secado en tambor permitido.
b) Secado en tambor no permitido
c) Permitido blanqueador con oxígeno.
d) Permitido todo tipo de blanqueador.

133. Respecto al uso de la lejía en las prendas delicadas es correcto:

a) Su uso con prendas de lino.
b) Su uso en prendas de tejido de cáñamo pero con lejías fuertes.
c) El yute admite lejías de cualquier tipo.
d) El nylon resiste a la lejía de cualquier tipo, cuanto más concentrada será mejor.

134. Capacidad de la fibra de recuperar su forma inicial tras aplicar una tracción o alargamiento:

a) Resistencia a la flexión.
b) Elasticidad.
c) Cohesión.
d) Porosidad.

135. ¿A qué fibra pertenece la siguiente imagen de sección transversal 500X?

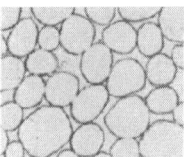

a) Lino.
b) Lana.
c) Seda.
d) Algodón mercerizado.

Solución al test n.º 6

1. b) El sistema de circulación de agua para su reutilización.

2. d) No, nunca.

3. c) La centrifugación.

4. b) Secado, planchado, plegado y almacenamiento.

5. d) No se planchan.

6. b) Las fija más.

7. d) La contratación de personal.

8. a) Propia.

9. b) Centralizada.

10. c) Clasificación de la ropa limpia.

11. c) A la fuerza centrífuga.

12. b) Secado.

13. b) Un equipo de planchado.

14. b) En el área de costura.

15. c) De plástico transparente.

16. a) Por la zona sucia.

17. c) Para controlar la producción.

18. a) Manualmente.

19. c) El consumo de agua para la producción diaria prevista es mayor.

20. b) Mecánicamente.

21. c) Por el túnel de lavado.

22. d) Todas las respuestas son correctas.

23. c) A diario.

24. c) Ropa de línea.

25. c) En perchas que pasan por el túnel de secado.

26. c) Un trabajador puede estar cambiando de circuito dentro de la misma jornada laboral, siempre que sepa desempeñar las distintas tareas.

27. d) Todas las respuestas son correctas.

28. a) Para separar la ropa antes del lavado.

29. a) Bandas.

30. b) Para llevar la ropa clasificada hasta el túnel de lavado.

31. c) Por gravedad.

32. b) Mesas.

33. a) Discontinuo.

34. d) Son equipos de lavado.

35. a) A mayor velocidad de centrifugación.

36. b) En dividir las fases de lavado en diferentes compartimentos.

37. c) En cada compartimento.

38. d) Abatible y cóncava.

39. b) Almohadilla.

40. a) Para el repaso de botonaduras.

41. a) Lavado.

42. c) Eliminación de arrugas en la ropa.

43. c) Suavizante.

44. a) Para facilitar que el agua penetre entre las fibras para disolver la suciedad.

45. a) Antes del lavado.

46. c) Va acompañado de agitación.

47. a) Eliminación de parte del agua retenida en los tejidos.

48. b) Después de cada aclarado.

49. d) Neutralizante.

50. a) Suavizante.

51. b) Empaquetada y sobre estantes limpios y desinfectados.

52. a) Con alcohol.

53. b) Limón.

54. c) Animal.

55. b) Se fija más.

56. c) Tintabilidad.

57. b) Durabilidad.

58. d) Componente activo del detergente.

59. b) Coadyuvante.

60. d) Blanqueante óptico.

61. a) Debe ser mínima.

62. b) Uso de guantes.

63. d) Por una barrera sanitaria.

64. c) 200 ºC.

65. c) Tejidos elásticos.

66. d) Todas las respuestas son cierta.

67. d) Guantes y mascarilla.

68. d) Todas estas operaciones se realizan en la zona sucia.

69. a) Grasa.

70. b) Benzol.

71. a) Limón.

72. d) Vinagre.

73. c) Amoniaco.

74. a) De forma selectiva.

75. b) Cerradas.

76. d) El mínimo posible.

77. a) Diariamente.

78. d) Hermético.

79. b) Aguarrás.

80. b) Chicle.

81. a) Agua y amoníaco.

82. d) Cuando esté sin restos de suciedad ni olor, de manera que pueda ser usada nuevamente, sin riesgo de constituir un foco de infección.

83. d) Todas las respuestas son correctas.

84. c) Ropa de forma.

85. d) De hilos levantados.

86. a) La capacidad de la fibra de recuperar su forma inicial tras aplicar una tracción.

87. b) De origen animal o vegetal.

88. c) De semillas.

89. a) Por transformación química de las fibras naturales.

90. b) Comportamiento a la fricción.

91. d) Todas las respuestas son correctas.

92. c) Brillo.

93. b) R.D. 928/87, de 5 de junio.

94. d) Todas las respuestas son correctas.

95. d) Único.

96. b) Lana virgen.

97. a) Los productos que contengan una urdimbre de algodón puro y una trama en lino puro y cuyo porcentaje de lino no sea inferior al 40 por 100 del peso total de la tela sin encolar.

98. b) El número de identificación fiscal del importador.

99. b) Una etiqueta que indique el contenido en fibras de cada una de las partes.

100. a) Al menos en la lengua española oficial del Estado.

101. a) El etiquetado será obligatorio en cada pieza.

102. c) No han sufrido una operación de enfieltrado.

103. d) Cualquier de las indicadas anteriormente.

104. a) Lavado.

105. b) Secado.

106. c) Planchado.

107. b) Tratamiento muy suave.

108. a) Temperatura suave, máximo 40 ºC.

109. c) Solo blanquear con un agente oxidante exento de cloro.

110. b) Planchado a la temperatura máxima de la placa inferior de 150 ºC.

111. c) Limpieza profesional en húmedo.

112. c) Temperatura máxima de lavado 30 ºC y proceso muy suave.

113. b)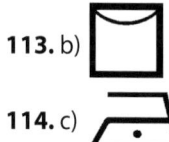

114. c)

115. b) GINETEX.

116. c) Las temperaturas máximas de lavado en grados centígrados.

117. a) Con una cruz tachando la tina de lavado.

118. c) Con doble franja bajo la tina.

119. b) Que el blanqueador de oxígeno está permitido.

120. c) El cuadrado.

121. c) Cuadrado con una línea horizontal.

122. b) Secado en secadora.

123. d) 200 ºC.

124. b) Secado al aire por goteo.

125. c) No blanquear.

126. b) Planchado a la temperatura máxima de la placa inferior de 200 ºC.

127. d) No planchar.

128. d) Secado plano.

129. d) Lavado muy suave a 40 ºC.

130. d) Permitido todo tipo de blanqueador.

131. a) Secado plano por goteo a la sombra.

132. a) Secado en tambor permitido.

133. c) El yute admite lejías de cualquier tipo.

134. b) Elasticidad.

135. b) Lana.

TEST N.º 7

La alimentación, la nutrición y la dietética: la alimentación equilibrada. Planificación de menús

1. ¿A qué se denomina la forma y manera de proporcionar al organismo los alimentos que le son indispensables?

a) Nutrición.
b) Alimentación.
c) Metabolismo.
d) Asimilación.

2. Los componentes químicos de la dieta son:

a) Los principios activos.
b) Los alimentos.
c) Los nutrientes.
d) Nada de lo anterior.

3. ¿Qué alimentos son aquellos cuya composición principal son las proteínas y el calcio?

a) Alimentos reguladores.
b) Alimentos biocatalizadores.
c) Alimentos energéticos.
d) Alimentos plásticos.

4. ¿Qué alimentos se van a utilizar por nuestro organismo como combustible metabólico?

a) Los alimentos reguladores.
b) Los alimentos energéticos.
c) Los alimentos naturales.
d) Los alimentos plásticos.

5. El grupo IV de la nueva rueda de alimentos es:

a) Regulador.
b) Plástico.
c) Energético.
d) Termoestable.

6. ¿Cuántos grupos de alimentos se encuentran en la nueva rueda de alimentos?

a) 5.
b) 6.
c) 7.
d) 8.

7. ¿Qué alimentos de los expuestos no se incluye en el segundo nivel de la pirámide de alimentación saludable?

a) Pan.
b) Patatas.
c) Huevos.
d) Carnes rojas.

8. La ingesta adecuada de agua diaria está en torno a los:

a) 1,5 litros.
b) 2 litros.
c) 2,5 litros.
d) 3,5 litros.

9. ¿Qué formas de preparación de alimento ofertan mejor valor nutricional e incluso organoléptico?

a) Fritos con aceites vegetales o a la plancha y bien condimentada o macerada.
b) Fritos con mantecas o grasa de origen animal o hervido sin aderezos.
c) Hervidos en ollas o cocinados en perol con aceite de oliva de base.
d) Cocinados al vapor, las preparaciones seguras en crudo o las menos elaboradas.

10. ¿Qué alimento pertenece al tercer nivel de la pirámide de alimentación saludable?

a) Aceite de oliva.
b) Verduras y hortalizas.
c) Sal.
d) Frutas.

11. ¿Quién pone directamente en marcha y desarrolla la estrategia NAOS?

a) La Sociedad Española de Nutrición Comunitaria (SENC).
b) La Agencia Española de Seguridad Alimentaria y Nutrición (AESAN).
c) La Secretaría de Estado de Consejos dietéticos, mediante el programa EDALNU del Ministerio de Sanidad.
d) El Ministerio de Innovación, Desarrollo e Industria.

12. ¿Qué porcentaje de residuos sólidos posee la leche de vaca?

a) Aproximadamente el 1 %.
b) Aproximadamente el 7 %.
c) Aproximadamente el 12 %.
d) Aproximadamente el 25 %.

13. ¿Qué carne de estas consideras con más grasa?

a) La carne de cordero.
b) La carne de ternera.
c) La carne de conejo.
d) La carne de caballo.

14. El grupo de verduras y hortalizas, según la clasificación NAOS es el número:

a) 1.
b) 3.
c) 5.
d) 6.

15. ¿A qué nos referimos cuando empleamos una fuerza necesaria para provocar a un kilo una aceleración de un metro por segundo?

a) Nos referimos a un ergio.
b) Nos referimos a una dina.
c) Nos referimos a un julio.
d) Nos referimos a un newton.

16. En el Sistema Internacional la unidad de energía es:

a) El julio (J).
b) La Caloría (Cal).
c) El grado centígrado (ºC).
d) El ergio (erg).

17. ¿Cómo se denomina la energía que necesita el organismo para mantener sus funciones vitales en estado de absoluto reposo?

a) Homeostasis.
b) Hemostasia.
c) Metabolismo basal.
d) Energía esencial.

18. Empleando la fórmula de Harris y Benedict del metabolismo basal diremos que un varón de 35 kg de peso, 1,40 m de talla y 11 años de edad, será aproximadamente de:

a) 700.
b) 850.
c) 1100.
d) 2100.

19. Si los alimentos preparados permanecen sin cubrir frente a personas que hablan, estos se pueden contaminar generalmente por vía:

a) Cutánea.
b) Aérea.
c) Digestiva.
d) Parenteral.

20. ¿Qué medida es fundamental y la que más influye para que haya una buena higiene alimentaria, y disminuyamos considerablemente su contaminación microbiana?

a) Limpiar bien donde se colocan los alimentos.
b) Limpiar superficialmente los alimentos y mantenerlos así hasta su consumo.
c) Emplear mercuriales y otros desinfectantes sobre los mismos.
d) Lavarse las manos con frecuencia.

21. ¿A partir de qué temperatura por encima de la humana se deben mantener los alimentos antes de su consumo, para evitar riesgos de infección?

a) A más de 45 ºC.
b) A más de 55 ºC.
c) A más de 65 ºC.
d) A más de 120 ºC.

22. ¿Cómo se denominan las patologías producidas por la ingestión de productos tóxicos, ya sea de origen biótico, como en el caso de las toxinas producidas por algunas bacterias, o de origen abiótico o químico no bacteriano?

a) Toxiinfección alimentaria.
b) Intoxicación alimentaria.
c) Infección alimentaria.
d) Contaminación alimentaria.

23. ¿Qué agentes bióticos de los siguientes son mas productores de toxiinfecciones alimentarias?

a) Hongos.
b) Bacterias.
c) Protozoos.
d) Parásitos.

24. ¿Qué modalidad de bacterias producen el botulismo?

a) Estafilococos.
b) Salmonellas.
c) Clostridium.
d) Pseudomonas.

25. ¿Cuál es el medio alimenticio por el que se contrae la triquinosis?

a) Leche mal cocida.
b) Carne cruda o poco cocida.
c) Huevos contaminados.
d) Ensaladillas o/y mayonesas.

26. Según el número de Atwater, quien produce 4 Kcal un gramo de:

a) Alcohol o grasa.
b) Grasa o proteína.
c) Azúcar o proteína.
d) Grasa o azúcar.

27. ¿Qué aminoácido no es esencial?

a) Triptófano.
b) Valina.
c) Fenilalanina.
d) Alanina.

28. ¿Qué aminoácido es esencial?

a) Prolina.
b) Cisteína.
c) Triptófano.
d) Alanina.

29. ¿Qué hidrato de carbono es monosacárido?

a) Fructosa.
b) Sacarosa.
c) Almidón.
d) Maltosa.

30. Todos los azúcares deben poseer en su composición los elementos:

a) Hidrógeno, nitrógeno y azufre.
b) Oxígeno, hidrógeno y carbono.
c) Nitrógeno, azufre y carbono.
d) Carbono, nitrógeno, azufre y fósforo.

31. Todo lo que se expone de las grasas es cierto, excepto que:

a) El ácido palmítico es un ácido graso.
b) Las grasas son insolubles en los disolventes orgánicos como el benzol, y el éter.
c) Están también formadas por hidrógeno, oxígeno y carbono, lo mismo que los hidratos de carbono, pero asociados de manera diferente, dándoles características propias.
d) Las grasas son insolubles en agua.

32. ¿Qué ácido graso es monoinsaturado?

a) Ácido linoleico.
b) Ácido linolénico.
c) Ácido oleico.
d) Ácido palmítico.

33. ¿Cuál de estos nutrientes se considera micronutriente (imprescindibles en pequeñas cantidades)?

a) Vitaminas.
b) Azúcares.
c) Proteínas.
d) Grasas.

34. ¿Qué vitamina es hidrosoluble?

a) Vitamina A.
b) Vitamina D.
c) Vitamina C.
d) Vitamina K.

35. La carencia de la vitamina K produce:

a) Beri-beri.
b) Xeroftalmia.
c) Raquitismo.
d) Hemorragias.

36. La pelagra la ocasiona el déficit de la vitamina llamada:

a) Ácido ascórbico.
b) Niacina.
c) Ácido fólico.
d) Ácido pantoténico.

37. ¿Qué porcentaje de agua posee el hombre tipo?

a) 25 %.
b) 45 %.
c) 60 %.
d) 75 %.

38. ¿Con qué término se corresponde esta definición: «la técnica y el arte de utilizar los alimentos de la forma adecuada, partiendo del conocimiento profundo del organismo humano y de los alimentos, para proponer y promover formas de alimentación, variada, suficiente y equilibrada»?

a) Dietoterapia.
b) Nutrición.
c) Bromatología.
d) Dietética.

39. La ingesta de proteínas, independientemente del sexo, para los adultos, que está recomendada por la OMS/FAO es de:

a) 0,08 g/kg peso/día.
b) 0,18 g/kg peso/día.
c) 0,8 g/kg peso/día.
d) 1,8 g/kg peso/día.

40. La talla en niños pequeños se debe determinar sobre la mesa calibrada en posición de:

a) Decúbito ventral.
b) Decúbito dorsal.
c) Decúbito lateral izquierdo.
d) Decúbito prono.

41. La obesidad mórbida sería aquella que se alcanza con un índice de masa corporal superior a:

a) 20.
b) 30.
c) 40.
d) 50.

42. ¿Cómo denominamos a una dieta sin restricción de nutrientes o alimentos específicos, destinada a personas sanas?

a) Dieta rígida.
b) Dieta basal.
c) Dieta flexible.
d) Dieta normal.

43. ¿Qué contenido en sodio debe tener una dieta basal sin sal?

a) Inferior a 20 g al día.
b) Inferior a 10 g al día.
c) Inferior a 5 g al día.
d) Inferior a 1 g al día.

44. La dieta terapéutica donde el paciente no ingiere alimentos se denomina:

a) Líquida.
b) Hipocalórica.
c) Hiposódica.
d) Absoluta.

45. ¿Qué modificación sufre una dieta si limitamos o eliminamos los alimentos que se pueden ingerir?

a) Modificación temporal.
b) Modificación de consistencia.
c) Modificación cuantitativa.
d) Modificación cualitativa.

46. La dieta líquida se recomienda a nivel hospitalario:

a) Después de una cirugía.
b) Tras un periodo de convalecencia.
c) Una vez pasada una enfermedad digestiva.
d) Todo lo anterior es cierto.

47. La dieta túrmix es la dieta:

a) Líquida.
b) Semilíquida.
c) Blanda.
d) Dura.

48. La dieta blanda está indicada:

a) Inmediatamente tras operación quirúrgica.
b) En casos de úlcera duodenal.
c) En casos de asma bronquial.
d) En periodo puerperal (postgestación).

49. La dieta diabética se denomina también:

a) Hiperglucémica.
b) Hipoglucémica.
c) Cetonémica.
d) Hipoproteica.

50. La restricción proteica en una dieta hipoproteica oscila entre:

a) Entre 150-160 g de proteínas de origen mixto (animal y vegetal) al día.
b) Entre 150-160 g de proteínas exclusivamente de origen animal al día.
c) Entre 50-60 g de proteínas de origen mixto (animal y vegetal) al día.
d) Entre 50-60 g de proteínas exclusivamente de origen vegetal al día.

51. La dieta hipoproteica está prescrita en aquellos casos clínicos que se requieran por:

a) Patología esquelética.
b) Patología renal.
c) Patología respiratoria.
d) Patología bucal.

52. Una dieta exenta de gluten poseerá alimentos que contienen de cereal:

a) Trigo.
b) Arroz.
c) Cebada.
d) Centeno.

53. Una dieta exenta de gluten está indicada en pacientes afectos de:

a) Intolerancia o alergia al gluten.
b) Enfermedad celíaca.

c) Dermatitis herpetiforme.
d) En todos los casos anteriores.

54. Las dietas pobres en purina está indicada en pacientes con:

a) Diabetes sacarina.
b) Diabetes insípida.
c) Diabetes mellitus.
d) Gota (hiperuricemia).

55. ¿Qué alimentos son ricos en purinas?

a) Vísceras y extractos cárnicos.
b) Verduras y frutas.
c) Leche y huevos.
d) Pan y pastas.

56. ¿Qué alimentos tienen prohibidos los pacientes con cólicos nefríticos de repetición por cálculos de oxalatos?

a) Zumos de fruta.
b) Patatas.
c) Col.
d) Zanahorias.

57. La dieta para el paciente dializado debe ser:

a) Normocalórica, hipoproteica y reducida en potasio.
b) Hipercalórica, hiperproteica y reducida en potasio.
c) Normocalórica, hiperproteica y reducida en potasio.
d) Normocalórica, hiperproteica y con cifras normales de potasio.

58. ¿Qué requisitos generales deben cumplir las dietas?

a) Aportar suficiente energía.
b) Completa y equilibrada.
c) Adecuada para el objetivo previsto.
d) Todas las respuestas son correctas.

59. ¿Qué significa que una dieta sea equilibrada?

a) Que aporte suficiente energía para llevar a cabo la actividad diaria, sin menoscabo para la salud.
b) Que contiene todos los nutrientes.
c) Que los nutrientes presentes en la dieta estén además en proporción adecuada.
d) Que es adecuada para el objetivo que pretende la dieta en sí, a la salud de cada persona, y a los hábitos de la población.

60. ¿Qué otros factores son importantes a la hora de diseñar un menú?

a) Que las necesidades nutricionales sean las mismas independientemente del colectivo del que se trate.

b) Los hábitos alimentarios.

c) Que se utilicen alimentos variados, independientemente de la estación del año, y la localización geográfica.

d) Todas las respuestas son correctas.

61. ¿Cuál es el primer paso en la planificación de menús?

a) Estudio de necesidades.

b) Establecimiento de la fórmula dietética.

c) Distribución del valor calórico total.

d) Estructura básica del menú.

62. ¿Qué indica la fórmula dietética?

a) El reparto del aporte calórico entre las distintas tomas.

b) El contenido de los alimentos ingeridos a lo largo del día, tanto cuantitativamente como cualitativamente.

c) La especificación de menús completos y la distribución semanal.

d) La estructura básica del menú diario.

Solución al test n.º 7

1. b) Alimentación.

2. c) Los nutrientes.

3. d) Alimentos plásticos.

4. b) Los alimentos energéticos.

5. b) Plástico.

6. b) 6.

7. d) Carnes rojas.

8. c) 2,5 litros.

9. d) Cocinados al vapor, las preparaciones seguras en crudo o las menos elaboradas.

10. c) Sal.

11. b) La Agencia Española de Seguridad Alimentaria y Nutrición (AESAN).

12. c) Aproximadamente el 12 %.

13. a) La carne de cordero.

14. c) 5.

15. d) Nos referimos a un newton.

16. a) El julio (J).

17. c) Metabolismo basal.

18. c) 1100.

19. b) Aérea.

20. d) Lavarse las manos con frecuencia.

21. c) A más de 65 ºC.

22. b) Intoxicación alimentaria.

23. b) Bacterias.

24. c) Clostridium.

25. b) Carne cruda o poco cocida.

26. c) Azúcar o proteína.

27. d) Alanina.

28. c) Triptófano.

29. a) Fructosa.

30. b) Oxígeno, hidrógeno y carbono.

31. b) Las grasas son insolubles en los disolventes orgánicos como el benzol, y el éter.

32. c) Ácido oleico.

33. a) Vitaminas.

34. c) Vitamina C.

35. d) Hemorragias.

36. b) Niacina.

37. c) 60 %.

38. d) Dietética.

39. c) 0,8 g/kg peso/día.

40. b) Decúbito dorsal.

41. c) 40.

42. b) Dieta basal.

43. d) Inferior a 1 g al día.

44. d) Absoluta.

45. d) Modificación cualitativa.

46. d) Todo lo anterior es cierto.

47. b) Semilíquida.

48. b) En casos de úlcera duodenal.

49. b) Hipoglucémica.

50. c) Entre 50-60 g de proteínas de origen mixto (animal y vegetal) al día.

51. b) Patología renal.

52. b) Arroz.

53. d) En todos los casos anteriores.

54. d) Gota (hiperuricemia).

55. a) Vísceras y extractos cárnicos.

56. a) Zumos de fruta.

57. c) Normocalórica, hiperproteica y reducida en potasio.

58. d) Todas las respuestas son correctas.

59. c) Que los nutrientes presentes en la dieta estén además en proporción adecuada.

60. b) Los hábitos alimentarios.

61. a) Estudio de necesidades.

62. b) El contenido de los alimentos ingeridos a lo largo del día, tanto cuantitativamente como cualitativamente.

TEST N.º 8

Salud infantil: higiene.
Accidentes en la infancia: su prevención

1. ¿En qué se centra el programa de seguimiento y desarrollo de la Salud Infantil?

a) En el control del desarrollo físico y psíquico durante las fases de la infancia.
b) En el control del crecimiento del infante en cada uno de sus períodos.
c) En el control del desarrollo social del niño en sus distintas etapas.
d) Son ciertas todas las respuestas anteriores.

2. La visita a los siete meses de vida del niño se corresponde con la visita del calendario de visitas aconsejado por el Ministerio de Sanidad, Servicios Sociales e Igualdad:

a) Tercera.
b) Quinta.
c) Sexta.
d) Octava.

3. ¿Con qué edad se efectúa la última visita dentro del programa de seguimiento y desarrollo de la Salud Infantil, según el calendario de visitas aconsejado por el Ministerio de Sanidad, Servicios Sociales e Igualdad?

a) 8 años de vida.
b) 10 años de vida.
c) 14 años de vida.
d) 17 años de vida.

4. ¿Cómo se denominan los neonatos con menos de 37 semanas de gestación?

a) Prematuro.
b) Pretérmino.
c) A término.
d) Bajo de peso.

5. El estudio de peso, talla y perímetro craneal en un niño se denomina:

a) Test de Barlow.
b) Test de Shiff.
c) Somatometría.
d) No posee ningún nombre concreto.

6. ¿Qué tipo de lactancia debe aconsejarse y fomentarse por el personal sanitario pediátrico?

a) Lactancia materna.
b) Lactancia mercenaria.
c) Lactancia alternante.
d) Lactancia coincidente.

7. ¿Qué estudio se efectúa a los pocos minutos de nacer y valora el estado de depresión del niño, tomando para ello parámetros sencillos de medir?

a) Test de Well.
b) Test de Shiff.
c) Test de Apgar.
d) Son ciertas las respuestas a) y c).

8. ¿En qué lugar generalmente se efectúa la segunda visita del niño dentro del programa de seguimiento y desarrollo de la Salud Infantil?

a) En la clínica del parto.
b) En un centro especializado.
c) En el hospital.
d) En un centro de Atención primaria.

9. ¿A qué edad se debe valorar por primera vez la deambulación del niño, en su visita correspondiente dentro del programa de seguimiento y desarrollo de la Salud Infantil?

a) A los 3 meses de vida.
b) A los 6 meses de vida.
c) A los 12 meses de vida.
d) A los 48 meses de vida.

10. ¿Cuándo se tomará la tensión arterial al niño por primera vez, en su visita correspondiente dentro del programa de seguimiento y desarrollo de la Salud Infantil?

a) Al año de vida.
b) A los 2 años de vida.
c) A los 3 o 4 años de vida.
d) A los 7 u 8 años de vida.

11. ¿Qué afirmación es incorrecta en relación con el desarrollo durante la infancia?

a) Existen grandes variaciones fisiológicas individuales.
b) El desarrollo es un proceso discontinuo que va desde la concepción hasta la madurez.
c) La valoración del mismo no se puede realizar aislada de todo el proceso.
d) Cada niño es diferente, pero la secuencia es igual para todos; lo que varía de un niño a otro es el grado de desarrollo.

12. ¿A qué edad duplican su peso los recién nacidos a término?

a) A los 3 meses.
b) A los 5 meses.
c) A los 12 meses.
d) A los 18 meses.

13. ¿Por debajo de qué percentil ponderal se considera a los neonatos nacidos como "bajos de peso"?

a) Por debajo del percentil 3.
b) Por debajo del percentil 30.
c) Por debajo del percentil 50.
d) Por debajo del percentil 95.

14. ¿Con qué edad generalmente el niño alcanza el metro (100 cm) de altura?

a) Al año.
b) A los 2 años.
c) A los 3 años.
d) A los 4 años.

15. ¿Qué es cierto respecto al perímetro torácico y craneal del infante?

a) Es superior de tamaño siempre el primero respecto al segundo.
b) Es superior de tamaño siempre el segundo respecto al primero.
c) Su relación es variable en cada niño (según morfogénesis).
d) Es superior en tamaño el segundo respecto al primero en los dos primeros años, y luego progresivamente se va haciendo cada vez mayor el primero en relación con el segundo.

16. ¿Qué lugares se toman de referencia a la hora de medir el perímetro craneal del niño mediante cinta métrica?

a) Se toman de referencia la glabela y el borde supraorbitario.
b) Se toman de referencia el nasión y el mentón.
c) Se toman de referencia el nasión y el gonión.
d) Nada de lo anterior es cierto.

17. El primer diente debe aparecer antes de... y deben estar completos a...

a) Antes de los 3 meses y deben estar completos a los 18 meses.
b) Antes de los 6 meses y deben estar completos a los 18 meses.
c) Antes del año y deben estar completos a los 18 meses.
d) Antes del año y deben estar completos a los 30 meses.

18. ¿De cuántas piezas se compone la dentición secundaria o permanente?

a) De 20 piezas.
b) De 26 piezas.
c) De 32 piezas.
d) De 36 piezas.

19. ¿Cuál es el primer diente definitivo que surge en el niño?

a) Molar de los 8 años.
b) Molar de los 6 años.
c) Premolar de los 8 años.
d) Premolar de los 6 años.

20. ¿Cuál es el primer signo de maduración sexual en la niña púber?

a) Implantación del vello axilar.
b) Crecimiento mamario.
c) Cambio tonal en la voz.
d) Menarquia.

21. La etapa preescolar se conoce también como:

a) Período neonatal tardío.
b) Primera infancia.
c) Segunda infancia.
d) Tercera infancia.

22. ¿Qué período de la infancia es aquel que abarca la primera semana de vida?

a) Período neonatal.
b) Período neonatal precoz.
c) Período neonatal tardío.
d) Período postneonatal.

23. ¿En qué etapa del desarrollo, según Piaget, estaría un niño con 3 años?

a) Etapa sensoriomotriz.
b) Etapa preoperativa.

c) Etapa operativa concreta.

d) Etapa operativa formal.

24. ¿Cuál de estas consideras la causa más frecuente de mortalidad entre los 3 y los 5 años?

a) Enfermedades congénitas.

b) Accidentes.

c) Malnutrición.

d) Prematuridad.

25. ¿Qué se estudia en la somatometría en el período preescolar?

a) Examen de peso.

b) Examen de talla.

c) Examen de peso y talla.

d) Examen de peso, talla, perímetro craneal y perímetro torácico.

26. ¿Qué áreas valora el test de Denver modificado en el período preescolar?

a) Lenguaje y sociabilidad.

b) Manipulación (motor fino) y postural (motor grueso).

c) Lenguaje, manipulación (motor fino) y postural (motor grueso).

d) Lenguaje, manipulación (motor fino), postural (motor grueso) y sociabilidad.

27. ¿Qué accidentes son especialmente frecuentes y graves (aumentan la mortalidad en estas edades) en el período escolar?

a) Caídas.

b) Quemaduras.

c) Accidentes de tráfico.

d) Accidentes domésticos.

28. Se habla de enanismo cuando la talla está por:

a) Debajo de menos dos veces la desviación típica en relación con la media.

b) Debajo de menos tres veces la desviación típica en relación con la media.

c) Debajo de menos cuatro veces la desviación típica en relación con la media.

d) Nada de lo anterior es cierto.

29. ¿Cómo se conoce cuando se inicia la diversificación alimentaria en un lactante o proceso en el cual se inicia la combinación en la dieta de la leche (materna o /y de fórmula, artificial o maternizada) y de otros alimentos?

a) Inicio de Denver.

b) Inicio de Tanner.

c) Inicio de Quetelet.

d) Inicio de Beikost.

30. ¿Qué cereal de estos no posee gluten en su composición?

a) Centeno.

b) Trigo.

c) Arroz.

d) Avena.

31. ¿Cuántas serán aproximadamente el número de tomas diarias de lactancia materna o fórmula de inicio durante el primer trimestre de vida?

a) De 8 a 10.

b) De 5 a 6.

c) De 4 a 5.

d) De 3 a 4.

32. ¿En qué momento de la vida del infante se disminuirán las tomas de leche a tres, bien sea mediante lactancia materna o mediante lactancia artificial de continuación (leche adaptada)?

a) A los 1 a 3 meses de vida.

b) A los 3 a 4 meses de vida.

c) A los 5 meses de vida.

d) A los 6 meses de vida.

33. ¿Qué alimentos de estos se podrán dar al lactante durante el noveno o décimo mes de vida?

a) Yogurt natural.

b) Yema de huevo.

c) Son ciertas las respuestas a) y b).

d) No se pueden dar ninguno de los mencionados en las respuestas a) y b).

34. Respecto a la cuna del bebe todo lo que se expone es incorrecto, excepto que:

a) Debe contener mucha ropa, especialmente ligera.

b) Poseerá un colchón blando o muy blando.

c) Debe ser fija, sin balanceo, pero con ruedas, para poder desplazarla.

d) El colchón de la cuna no debe poseer funda impermeable, ya que aumenta la dermatitis del pañal.

35. ¿En qué período de edad de la infancia parece haber un aumento de la actividad de la caries?

a) Entre los 3 y los 5 años.

b) Entre los 5 y los 7 años.

c) Entre los 7 y los 11 años.
d) Entre los 11 y los 15 años.

36. ¿Con qué consumo de alimento comenzó el brote moderno de caries?

a) Con el consumo creciente de sacarosa.
b) Con el consumo creciente de fructosa.
c) Con el consumo creciente de mucopolisacárido.
d) Con el consumo creciente de proteína.

37. ¿Cuál de estas medidas consideras de prevención primaria en la caries dental?

a) Diagnóstico precoz.
b) Adecuada higiene bucodentaria.
c) Rehabilitación bucodental.
d) Tratamiento precoz.

38. ¿Qué alimento de estos consideras anticariógeno?

a) Xilitol.
b) Dulces.
c) Bebidas azucaradas.
d) Todos los anteriores.

39. ¿Qué dispositivo empleado en la higiene de los espacios interproximales consideras más idóneo para los pónticos de las prótesis fijas y en ortodoncia?

a) Hilo dental.
b) Cinta dental.
c) Super-floss.
d) Ultra-floss.

40. ¿A qué se denomina "la conducta sostenida, repetitiva, persistente e inapropiada (violencia doméstica, insultos, actitud impredecible, mentiras, decepciones, explotación, maltrato sexual, negligencia y otras) que daña o reduce sustancialmente tanto el potencial creativo como el desarrollo de facultades y procesos mentales del niño, que le imposibilita a entender y manejar su medio ambiente, le confunde y le atemoriza, haciéndole más vulnerable e inseguro afectando adversamente su educación, bienestar general y vida social"?

a) Maltrato infantil.
b) Abandono educacional.
c) Abandono emocional y físico.
d) Maltrato psicológico.

41. Señala la opción incorrecta respecto al maltrato infantil:

a) Todo acto u omisión encaminado a hacer daño, aun sin existir intención pero que perjudica al desarrollo.
b) Conducta que daña los procesos mentales del niño.
c) No inscribir a su hijo al colegio antes de los 3 años.
d) Dejar al niño sin comer como castigo.

42. Entre las principales causas que producen muertes por lesiones no intencionales en la infancia no encontramos:

a) Accidentes de tráfico.
b) Ahogamientos.
c) Bronquitis.
d) Intoxicaciones.

43. Es uno de los pilares básicos de la prevención de accidentes infantiles:

a) Medidas técnicas de seguridad.
b) Legislación.
c) Educación.
d) Todos ellos lo son.

44. Las caídas accidentales en la infancia son:

a) Más habituales en los niños que en las niñas.
b) Más habituales en las niñas que en los niños.
c) El sexo no es determinante en este accidente infantil.
d) Se da por igual en niños y niñas.

45. Entre las medidas recomendadas en el uso de tronas con los menores no encontramos:

a) Deben estar homologadas.
b) Con correas acolchadas.
c) Base estrecha y ligera.
d) Evitar su uso en niños mayores para que no se vuelque.

46. En el caso de los ahogamientos:

a) Las mujeres se ahogan entre 2 y 3 veces más que los hombres.
b) Los bebés pueden defenderse en estos accidentes, pues están acostumbrados al medio líquido desde el vientre materno.
c) Las conductas de riesgo de los preescolares son un factor determinante en sus ahogamientos.
d) La falta de vigilancia o supervisión de las personas cuidadoras de los preescolares puede producir mayor riesgo de ahogamiento que en el caso de los bebés.

47. ¿En dónde suelen recibir más picaduras los menores más pequeños?

a) En la cabeza.
b) En los brazos.
c) En el tronco.
d) En las piernas.

48. Entre las recomendaciones de educación vial para peatones no encontramos:

a) Es mejor correr que caminar, aumentando la velocidad de marcha cerca de las intersecciones.
b) Evitar usar auriculares, incluso a bajo volumen.
c) Los niños menores de 9 años deben estar acompañados por un adulto.
d) Respetar las señales de tráfico para peatones.

49. La edad más frecuente en la que se producen atragantamientos o asfixia en los menores es a los:

a) 4 años.
b) 6 años.
c) 8 años.
d) 10 años.

Solución al test n.º 8

1. d) Son ciertas todas las respuestas anteriores.

2. c) Sexta.

3. c) 14 años de vida.

4. b) Pretérmino.

5. c) Somatometría.

6. a) Lactancia materna.

7. c) Test de Apgar.

8. d) En un centro de Atención primaria.

9. c) A los 12 meses de vida.

10. c) A los 3 o 4 años de vida.

11. b) El desarrollo es un proceso discontinuo que va desde la concepción hasta la madurez.

12. b) A los 5 meses.

13. a) Por debajo del percentil 3.

14. d) A los 4 años.

15. d) Es superior en tamaño el segundo respecto al primero en los dos primeros años, y luego progresivamente se va haciendo cada vez mayor el primero en relación con el segundo.

16. a) Se toman de referencia la glabela y el borde supraorbitario.

17. d) Antes del año y deben estar completos a los 30 meses.

18. c) De 32 piezas.

19. b) Molar de los 6 años.

20. b) Crecimiento mamario.

21. c) Segunda infancia.

22. b) Período neonatal precoz.

23. b) Etapa preoperativa.

24. b) Accidentes.

25. c) Examen de peso y talla.

26. d) Lenguaje, manipulación (motor fino), postural (motor grueso) y sociabilidad.

27. c) Accidentes de tráfico.

28. c) Debajo de menos cuatro veces la desviación típica en relación con la media.

29. d) Inicio de Beikost.

30. c) Arroz.

31. b) De 5 a 6.

32. d) A los 6 meses de vida.

33. c) Son ciertas las respuestas a) y b).

34. c) Debe ser fija, sin balanceo, pero con ruedas, para poder desplazarla.

35. d) Entre los 11 y los 15 años.

36. a) Con el consumo creciente de sacarosa.

37. b) Adecuada higiene bucodentaria.

38. a) Xilitol.

39. c) Super-floss.

40. d) Maltrato psicológico.

41. c) No inscribir a su hijo al colegio antes de los 3 años.

42. c) Bronquitis.

43. d) Todos ellos lo son.

44. a) Más habituales en los niños que en las niñas.

45. c) Base estrecha y ligera.

46. d) La falta de vigilancia o supervisión de las personas cuidadoras de los preescolares puede producir mayor riesgo de ahogamiento que en el caso de los bebés.

47. a) En la cabeza.

48. a) Es mejor correr que caminar, aumentando la velocidad de marcha cerca de las intersecciones.

49. a) 4 años.